平凡社新書
783

忘れられた島々
「南洋群島」の現代史

井上亮
INOUE MAKOTO

HEIBONSHA

忘れられた島々　「南洋群島」の現代史●目次

日本の委任統治領だった南洋群島

はじめに

二〇一五年四月八日から九日、天皇、皇后両陛下は戦後七〇年の「戦没者慰霊の旅」としてパラオ共和国を訪問した。九日に同国のペリリュー島で「西太平洋戦没者の碑」に供花、拝礼。両陛下はそこから約一〇キロメートル南方に見えるアンガウル島に向かっても追悼の祈りを捧げた。

太平洋戦争において、ペリリュー島では日本軍約一万人、米軍約一七〇〇人が戦死した。アンガウル島でもそれぞれ一〇五〇人、二六〇〇人が戦死している。これ以外にも、パラオでは飢餓などのため、軍民で四〇〇〇人以上の犠牲者が出た。

これらの悲劇について、ほとんどの日本人が知らなかったといっていいだろう。パラオでの戦いは戦局に影響を与えなかったことから、「忘れられた戦場」といわれていた。両陛下の慰霊訪問が大きく報道されたことにより、日本人は南洋での戦いの一部ではあるが、その実相を知る機会を得た。

翌五月二二、二三日、福島県いわき市で太平洋・島サミットが開催された。太平洋・島サミットについて、外務省のホームページでは次のように説明している。

「ミクロネシア、メラネシア、ポリネシアの国々からなる太平洋島嶼《とうしょ》国は、大変親日的で、国際社会において日本の立場を支持するなど、日本にとって重要な国々です。太平洋・島サミットは、日本がこれらの国々との関係を強化する目的で、一九九七年に初めて開催され、以後三年毎に日本で開催されています」

両陛下の慰霊訪問と太平洋・島サミット。二カ月の間に日本と南洋の島々に関する二つのニュースが報じられた。だが、この地域が日本の近現代史でいかに重要な位置を占めていたかについて記憶を喚起し、掘り下げる機運は高まらなかった。その歴史についての報道がなかったわけではないが、表層をなでて終わった感がある。

日本は太平洋戦争で敗れるまでの約三〇年間、現在ミクロネシアと呼ばれる「南洋群島」を軍事占領および国際連盟の委任統治領として支配していた。実質的には領土であった。

ミクロネシアはフィリピン東部の西太平洋に散在する島嶼地域である。アメリカ合衆国がすっぽり入るほどの広大な海域(七八〇万平方キロメートル)に北部のマリアナ、中西部のカロリン、東部のマーシャルの各諸島が広がっている。島の数は六〇〇を超える。

いまは北マリアナ連邦、ミクロネシア連邦、マーシャル諸島共和国、パラオ共和国の四つの行政単位に五十数万人が居住している。「独立」の形態をとっているものの、安全保障や経済面でアメリカへの依存度が高い。

現代の日本人にとっては、珊瑚礁とエメラルドグリーンの海が広がるリゾート地、ダイビングスポットのイメージが大半であろう。もちろん、サイパン島などこの地域の島々が太平洋戦争で玉砕の戦場になったこと、戦後にマーシャル諸島がアメリカの核実験場となり、焼津の漁船「第五福竜丸」が放射能の死の灰を浴びた事件など、日本とのかかわりについてある程度の知識がある人も少なくないとは思う。

ただ、それらの出来事は断片的に記憶されており、一本の線上でつながる歴史事実として理解されていないのではないだろうか。この地域についてのわれわれの歴史知識、認識は広い海域に分散する島々のように細切れでまとまりがない。

なぜ太平洋の島々で日本は戦ったのか。なぜ多くの日本人がそこに居住し、玉砕・集団自決の悲劇が生まれたのか。その有為転変を正しく説明できる人はどれほどいるだろう。

昭和の戦争が一九三一（昭和六）年の満州事変に始まり、三七年の日中戦争、四一年の太平洋戦争へと連関していくことは、ある程度の教育を受けた日本人は了解しているだろう。「生命線」といわれた満州は日本をつまずかせた巨石であった。

しかし、太平洋戦争の主戦場は満州ではなく、太平洋の島々だった。日本は満州で蹴《け》躓《つまず》き、南洋で奈落に落ちたのだ。大陸のような奥行きがない日本列島の防備の脆弱性に不安を持った軍は、防衛線をできるだけ本土から遠くに引こうという強迫観念に駆られていた。北の防衛線が満州、南が南洋群島だった。結局、「垣根」の火事が「母屋」を焼いてしまう結果となった。

南洋の島々が北の満州と並ぶ「海の生命線」と呼ばれていたこと、戦略上は満州よりはるかに重要な位置にあったことは、敗戦後の日本人の記憶から消えてしまった。南洋群島への移民の六割が沖縄県人で、南洋での玉砕・集団自決が沖縄戦の前哨戦であったことも意外なほど知られていない。

戦後、ミクロネシアは居抜きで店主が代わるように国際連合の信託統治領として約五〇年間、アメリカが支配した。実はアメリカのジャーナリズムからもこの地域は「忘れられた島々(The forgotten islands)」と呼ばれていたという。

「忘れられる」ということは、「無視される」「ないがしろにされる」とほぼ同義であろう。この地域に関与するとき、歴史的につながりの深かったわれわれ日本人は、過去の歴史を忘れて(知らずして)、外務省ホームページがいうような「大変親日的」という表面だけに目を向けていてはならない。悪意はなくとも、「知らない」ことは相手を侮辱することになりかねない。

戦後七〇年――。一〇年ごとに巡り来る節目の年は、日本人が過去の自画像を振り返り、国のあり方を考える機会である。この時期に「忘れられた島々」について〝思い出す〟ことは無駄ではないし、むしろ必要なことだと思う。

第一章　日本帝国の南進

上から操作された「南進ブーム」

二〇一五年二月末、沖縄県石垣市の八重山平和祈念館で企画展「南洋の群星《ムリブシ》が見た理想郷と戦《イクサ》――70年の時を超えて 旧南洋群島ウチナーンチュの汗と血そして涙」が開催されていた。企画展は旧南洋群島のサイパン、テニアンなどに移民した沖縄県人の歴史を写真と資料で振り返るもので、南洋群島について取材していた筆者は何か参考になる資料があるのではないかと思い足を運んだ。

東京からはるばる石垣島まで来たのには次のような理由があった。本土ではサイパンなどの玉砕・集団自決を取り上げたものは別として、日本が約三〇年間支配した南洋群島の歴史を回顧した催しや資料収集を行っている施設が皆無である。南洋群島への移民の六割を占めた沖縄県でのみ、公共の施設がその歴史に正面から向き合い、記憶をつないでいこうとしている。南洋群島の悲劇は沖縄戦の悲劇と地続きであり、南洋群島の歴史を沖縄抜きには語れないのだ。

その沖縄ですら、南洋群島をテーマにしたこの種の企画展は過去に数えるほどしかなく、歴史の全容については知られていないという。同じ企画展を前年の一〇月から一二月に開催した沖縄県平和祈念資料館でも「南洋群島での集団自決について生還者が語り始めたのはごく最近だ。いまだに話したくないという人が多い。想像を絶する惨劇だったので、語り始めると気が変になってしまうという人もいる」という話を聞いた。

八重山平和祈念館で展示を懐かしそうに見ているお年寄りの女性二人に出会った。戦前サイパンにいたという。話を聞きながら一緒に展示を見て回った。展示のなかに南洋桜の写真を見つけると、「あー、きれいだったねえ。ほんとにきれいだった」と二人は遠い日を思い出すような目で話した。

南洋桜はフレームツリー（火炎樹）ともいい、サイパンでは六月ごろから真っ赤な花を咲かす。紅葉のような壮観であり、南洋に暮らした人は口をそろえてその美しさを語る。

展示のなかに歌謡曲の歌詞を印字したボードがあった。女性たちはその前に立ち止まると、「よく歌ったよ、これ。みんな歌ってた」と指さした。

赤い夕陽が波間に沈む
涯《はて》は何処か水平線よ
今日も遥々《はるばる》南洋航路
男船乗り鷗《かもめ》鳥

一九四〇（昭和一五）年にレコード発売された『南洋航路』という歌謡曲だ。かなりヒットしたらしい。筆者はこの歌を知らなかったのだが、女性が軽く口ずさむのを聴いてびっくりした。どこかで聞いたメロディーだと思ったら、あの有名な『ラバウル小唄』ではないか。

「そうですよ。でもあっちのほうが替え歌」

不勉強のためラバウル小唄が替え歌であり、その元歌があったことを知らなかった。『南洋航路』の歌詞は三番までだったが、展示ボードには「パラオ・バージョン」として四番から六番の替え歌の歌詞が書かれていた。その五番の歌詞はこうだ。

さらばパラオよ　又来るまでは
しばし別れと　打ち振る帽子
恋しパラオの　島々見れば
椰子の葉かげに　十字星

『ラバウル小唄』の一番は「さらばラバウルよ／又来るまでは／しばし別れの／涙がにじむ／恋しなつかし／あの島見れば／椰子の葉かげに／十字星」となっており、ほぼ同じだ。

『ラバウル小唄』は終戦直前から大ヒットしたのだが、当時は「ラバウル」に思い思いの地名を入れて歌われたという。

ラバウルというと航空隊が有名で、『ラバウル小唄』は基地に別れを告げて出撃していく兵士たちの歌と勘違いしている人もいるのではないだろうか。軍歌の『ラバウル海軍航空隊』と混同しやすい。だが、『ラバウル小唄』は軍歌ではなく、南洋の島々に根を下ろし生活していた日本人が、そこから退場を余儀なくされたときの哀惜の歌だった。皮肉にも、いざ南洋へ乗りだそうという歌が別れの歌に転じたのだ。

いまでは歌われることもなくなった元歌の『南洋航路』が流行した一九四〇年は太平洋戦争開戦前年である。三七（昭和一二）年から始まった日中戦争は終結のめどが立たず、国民は倦み疲れ始めていた。三九年、日本の対中政策変更を求めるアメリカは日米通商航海条約を破棄。石油などの資源輸入でアメリカに依存している日本に、関係悪化による資源枯渇の不安が広がる。

翌四〇年九月に石油資源の豊富なインドネシアに狙いを定めた北部仏印への武力進駐が行われ、太平洋戦争への導火線に火が付けられた。この年から「南進」という言葉が堰を切ったように広まる。それは国策に沿った「上から人為的に操作された『南進』ブーム」（矢野暢『日本の南洋史観』）だった。「南進」が題名に入った歌が次々と世に出された。各年別にいくつか並べてみる。

四〇（昭和一五）年　『南進女性』

四一（同一六）年　『南進男児の歌』『南進日本の歌』『南進乙女の歌』『南進よさこい』『南進航路』『南進倭寇の歌』『南進の歌』

四二（同一七）年　『南進小原節』『南進ざくら』

四〇年の『南進女性』は同名映画の主題歌だ。原作は石川達三で、若き日の新藤兼人が脚本を書いている。石川は南洋群島と深いつながりのある作家だった。それについては次章で述べる。

日米関係が風雲急を告げ、太平洋戦争が始まった四一年は「南進歌」ラッシュで、『南進日本の歌』は三人の歌手の競作になった。こんな歌詞だ。

祖国の歌も高らかに／山なす怒濤乗り越えて／南を目指す若人の／血潮は躍る太平洋／いざ行けいざ行け南は招く

日本国民は熱病のように南方進出を願望していた。けっして軍や政府だけが無謀な戦争の扇動者ではなかった。

先に触れた『南洋航路』はこの南進熱が沸騰した前年に出ている。「南に向かう」点は同じだが叙情的で、『南進日本の歌』のような前のめりの国策臭がない。南進とは別種の、「楽園・南洋群島」へのあこがれを歌ったものだ。それゆえ、替え歌となって戦後も歌い継がれたのかもしれない。

「南進歌」は四二年の後半以降はぱたりと出なくなった。現実は日本軍がフィリピン、インドネシアなどへの南進を果たし、占領・持久体制に入っていた。国策上、南進を叫ぶ必要がなくなるとともに、「南進歌」も姿を消した。まさに上からのブームだった。

南進論の系譜

昭和戦時期の国民的熱狂を伴う「南進」以前から、日本人は南へ南へと進発するエネルギーをため込んでいた。

その嚆矢《こうし》は明治維新から間もない一八七二（明治五）—七五年、小笠原諸島の帰属に関する政府内の議論だった。このとき、小笠原を日本領土に組み込むとともに、ミクロネシア、オーストラリア大陸への南進が唱えられた。といっても軍事的なものではなく、平和的・経済的な意味合いでの進出である。

七六（同九）年には、当時ロシア公使だった榎本武揚が反乱士族の流刑地としてマリアナ諸島の買収案を政府に建議している。その後、南進論は人口過剰問題、没落士族の授産問題に関連して、海外移民策として議論されていく。

明治期には南進論者が続々と登場した。著名な南進論者と書物を年代順に挙げると、志賀重昂『南洋時事』、菅沼貞風『新日本の図南《となん》の夢』、田口卯吉「南洋経略論」、鈴木経勲『南洋探検実記』、竹越与三郎『南国記』などだ。菅沼は人口問題解決策。志賀、田口、鈴木は市場や資源供給地としての南洋に注目した。

少し時代は下るが、一九三六（昭和一一）年に国粋主義の評論家、室伏高信が著した『南進論』も有名だ。室伏の論は東南アジアから欧米勢力を駆逐し、植民地を解放するという「大東亜共栄圏」の発想そのものだった。ただ、要点は東南アジアの資源獲得に置かれている。

日清・日露戦争を経て、中国大陸や朝鮮半島に軍事的、経済的進出を果たした「北進」と違い、これらの南進論は南洋の島々の地に足を付けることのない論であり、「空想的南進論」とも呼ばれている。

矢野暢は『日本の南洋史観』で、大正、昭和の南進論のパターンは明治期に出尽くして

いるといっている。その主な特徴は、

「日本人の海外進出にとって南洋の潜在的重要性を描く」

「朝鮮半島、中国北部への北進に対する対抗軸としての南進」

「未開の南洋を導くのは日本の使命だと説く」

「西洋が南洋を勢力圏とすることへの疑義」

「南進によって国内の社会的、経済的問題の解決を図る」

であるという。


大正期に入ると、日本に南洋群島という〝新領土〟をもたらし、南進論を空想から現実の植民地経営論に変えた第一次世界大戦が勃発する。そして、昭和の初期には海軍による軍事的な戦略論「海の生命線」キャンペーンが始まる。

これらはのちに詳述することにして、ここで南洋群島の前史を振り返ってみたい。

「無主無人の島」

世界史のなかでもミクロネシア＝南洋群島（ミクロネシアのうちギルバート諸島はイギリスの支配下にあり、日本が統治した南洋群島には含まれない）ほど支配、被支配のコントラストが明確な地域は少ないだろう。欧米、日本との圧倒的力の差と人口の少なさ（日本統治時代で最大五万二〇〇〇人程度）により、原住民は存在しないかのごとくみなされた。「無主無人の地」として、ときに列強間で売買もされてきた。

ミクロネシアに人が住み始めたのは三五〇〇年ほど前といわれており、マリアナ諸島に土器や石器などの遺跡が見つかっている。チャモロといわれる人々が漁労で生活し、長期にわたって他の世界と隔絶していた。

遠く離れたヨーロッパからの外来者が最初にこの地域と接触したのは一五二一年一月二七日。スペイン皇帝の庇護のもとに太平洋を横断していたポルトガルの航海者フェルナンド・マガリャーネスの探検隊一行がラッドロン諸島に到着した。

南米大陸の南端を通過して太平洋に乗り出したマガリャーネスの船は三カ月近く水と食料を補給できず、危機的状況で島を発見した。狂喜して島に近づいたところ、おびただしい数のアウトリガー・カヌー（船体を安定させるため、両脇に浮きが突き出している）に乗った島民が船に乗り込み、備品を次々と奪っていった。

怒った一行は兵士を上陸させ、報復のため島民の村に放火、七人を殺害した。マガリャーネスらはこの島をラッドロン（泥棒）と名づけた。現在のマリアナ諸島グアム島である。マガリャーネスは英語読みでマゼランという。

その後、ミクロネシアのほか赤道以南のニューギニア方面にヨーロッパの探検船が続々とやってきては各島を「発見」する。彼らが勝手に付けた名称は現在も生きている。

一五二六年、ポルトガルのメセーネスがヨーロッパ人として初めてニューギニア島を遠望する。「ギニア」はアフリカ西海岸の一地方の名で、「新しいアフリカ」という意味だった。一六四二年、太平洋を巡航していたオランダ人船長タスマンのシーハフェン号がビスマルク諸島、トンガ、フィジー群島、ニュージーランド、タスマニアに邂逅する。タスマニアはこの船長の名に由来している。パラオには一五七九年、イギリス人のドレークが寄港。この際、パラオ人二〇人を殺害している。パラオの名はスペインの探検家ラズカノが一六八六年に「パラオス」と名づけたことによる。ラズカノがカロリン諸島の「発見者」で、カロリンはスペイン皇帝カルロス二世の名からとった。

イギリスの有名な探検家ジェームス・クックは一七六八年から七九年にかけて三次にわたって太平洋を航行。ハワイを「発見」するなど、太平洋諸島の実相を初めて世界に知らしめた。一七八八年、イギリスはオーストラリアに流刑地を設けた。囚人を護送する船の船長だったマーシャルとギルバートは遭遇した群島に自分たちの名を与えた。

スペインの植民地政策

各国の探検家たちは島の名前こそ身勝手に付けまくっていたが、そこを領有・支配するまでには至らなかった。ミクロネシアの島々について最初に領有を表明したのはスペインだった。一五六五年にマリアナ諸島のサイパンを自国領と宣言。ただ、官吏の派遣もなく、施設も置かなかった。主権は行使せず、メキシコとフィリピンのマニラを往復するガレオン船の寄港地として利用するだけだった。

スペインは交易の拠点としていたマニラで香辛料や中国の磁器、インド綿などをメキシコの銀と交換していた。その運搬を担っていたのがガレオン船で、グアム島が水、燃料の補給地だった。ガレオン交易は一五六五年から一八一五年まで二五〇年も続いた。

南米大陸で暴威を振るったスペイン人の残虐な植民地政策は南洋にも及ぶことになる。最初の悲劇は一六六八年にスペイン皇帝フィリップ四世の皇后マリア・アンナ（マリアナの名はこの皇后に由来する）の援助を受けた宣教師サン・ビトレス来航で始まった。

サン・ビトレスは「裸で暮らしている蛮民に神の恩恵を与えなければ」という考えでキリスト教を強引に押しつけた。

半年で七〇〇〇人近くに洗礼を施すなどしたが、現地の習俗、文化を根絶するような布教活動はチャモロ族の反感を買った。また、スペイン人が持ち込んだ天然痘が大流行したことで「宣教師が毒をまいた」との噂が広まり、サン・ビトレスは一六七二年にグアム島で殺害される。

スペインの守備隊は報復としてチャモロ族の村を襲い、虐殺を繰り返した。チャモロ・スペイン戦争と呼ばれる戦いが二〇年も続き、天然痘の流行も相まって、五万人だったチャモロ人の人口は四〇〇〇人にまで激減、チャモロの伝統文化は徹底的に破壊された。人口の急減がヨーロッパの支配を許す要因ともなった。スペインは人口回復のためフィリピン人との混血を進めたため、純粋のチャモロ人は絶えてしまったともいわれている。

スペインの支配は続くのだが、キリスト教の布教以外の植民地経営はなきに等しかった。一九世紀になると、捕鯨船が水や食料、燃料の補給のため島々に寄港するようになる。上陸した乗組員から疫病が蔓延し、ポナペ島（現在のポンペーイ島）では一万人の人口が半減した。

この地域の商業活動は主に鯨油の代替品となるコプラ（ココヤシの乾燥果肉で、石鹼などのほかにニトログリセリンの原料になった）の交易を中心として、ドイツ、イギリス商人に握られるようになる。ドイツは一八八五年、カロリン諸島に軍艦を派遣、ヤップ島を占領した。ドイツはカロリン諸島はスペインの領土ではないと通告。スペインでは国論が沸騰し、対ドイツ開戦論まで持ち上がった。

この問題はローマ法王レオ一三世の仲裁で、両国は同年一一月にカロリン諸島がスペイン領であることを承認する条約を結ぶ。ドイツには経済活動の自由が認められ、双方が名と実を分け合った。翌年七月、スペインは同諸島ポナペ島に国旗を掲揚。ミクロネシアに国旗がひるがえったのは、実にこれが初めてのことだった。

これを機にスペインはポナペ島で統治を始めたが、島民の習慣、利益、幸福をまったく顧みない暴政を敷いた。道路の建設などで島民を鞭で使役し、賃金も食糧も与えなかった。一八八七年七月、耐えかねた島民は反乱を起こし、スペイン人官吏らを惨殺。スペインは軍艦とマニラ兵一〇〇〇人を派遣して乱を鎮圧した。

しかし、島民の恨みは消えず、一八九〇年五月に再び反乱が起きる。スペイン人の知事は「島民を皆殺しにせよ」と司令した。残虐な討伐が続いたが、島民の抵抗も激しく、全滅には至らなかった。

南洋のシベリア

一九世紀、カロリン、マリアナ両諸島を領有するスペインのほか、マーシャル諸島がドイツ、ギルバート諸島はイギリスに分割されていた。一六世紀から一九世紀にかけて、名目上は三〇〇年間南洋の島々を支配してきたスペインだが、実質の統治はドイツとの紛争が解決した一八八六年以降だった。その支配はわずか十数年で終わる。

一八九八年、キューバでの反乱をきっかけとする米西戦争でスペインはアメリカに敗北。

プエルトリコ、フィリピン、グアムがアメリカに割譲された。翌年、財政難に陥ったスペインはマリアナ、カロリン両諸島を二五〇〇万ペセタ（一六〇〇万マルク）でドイツに売却した。ここに「南洋群島」のドイツ時代が始まる。なお、グアムは米西戦争中にアメリカの軍艦によって占領されている。

ドイツが最初に太平洋に進出したのは一八八三年、ニューギニアの東方、ビスマルク諸島の占領だった。翌年一二月に同諸島とニューギニアの東岸占領を各国に通告した。八五年四月、ドイツはイギリスとニューギニアを分割領有する条約を結ぶ。八六年にはマーシャル諸島、ナウル島を保護領としたことを宣言した。

スペインからの買収によりマリアナ、カロリン、マーシャルの三群島を支配下に置いたドイツはニューブリテン島ラバウルに総督府、ヤップ、ポナペ、ヤルートに政庁を置いて各群島を統治した。一九〇六年にはヤップを中心に上海、グアム、セレベスに通じる海底電線を敷設した。一九一三年には無線電話を開設し、太平洋の通信網を掌握した。このほか、燐鉱《りんこう》の鉱脈発見（パラオのアンガウル島）など資源開発に力を注いだ。ドイツの統治はスペインほどの残虐性はないものの、非文明人の島民は文明国ドイツに服従すべきという高圧的なものだった。

ドイツは農園や道路の建設に島民を徴用。スペインと同様、島民の生活習慣を無視したドイツ流を押しつけた。一九一〇年、ポナペ島で島民の武装蜂起「ジョカージの乱」が起きる。ドイツは軍艦を派遣して徹底的に弾圧。首謀者一七人が処刑され、島民四二六人がヤップやパラオに島流しにされた。

地理的に遠隔であることから、ドイツの南洋群島での資源・産業開発は中途半端で、途中で放擲されたに等しかった。むしろ流刑地として使われ、「南洋のシベリア」と呼ばれていたという。

そのドイツの支配も一九一四年、日本海軍の占領により一五年で終焉を迎え、日本時代が始まる。明治中葉以来の「空想的南進」は、にわかに実質的な統治政策へと転換する。それまでの経緯を詳述する。

天から降ってきた「第三の植民地」

日本海軍の占領は一九一四（大正三）年一〇月三日、マーシャル諸島のヤルートに始まる。その後西進し、カロリン諸島のクサイ、ポナペ、ヤップ、パラオ、トラック、アンガウル、一〇月一四日にマリアナ諸島のサイパンを占領し、赤道以北のドイツ領南洋群島すべてを支配下に置いた（ヤルート島の占領日については九月二九日とする資料もある）。

わずか二週間足らず、電光石火の作戦だった。これほどのスピードで占領を達成できたのは、ドイツが地上兵力をほとんど配備していなかったからだった。戦闘はまったくなく、ドイツの軍事施設の破壊と軍需品の没収などで終わった。いわゆる無血占領である。

海軍はドイツから奪取した島々で軍政を敷く。三〇年にわたる日本の南洋群島支配の始まりであった。日清・日露戦争の代価として手中にした台湾、朝鮮半島とちがい、一滴の血も流さず「第三の植民地」が天から降ってきたようなものだった。

日本に〝幸運〟をもたらしたのは、太平洋からはるか遠く、ヨーロッパの地で勃発した第一次世界大戦だった。ヨーロッパの戦争が世界大戦と呼ばれるのは、無血とはいえ太平洋の島々などへも戦域が及んだことによる。

一九一四年六月二八日、ボスニアのサラエボでオーストリア皇太子夫妻がセルビア民族主義者に暗殺されたのをきっかけに、七月二八日、オーストリアがセルビアに宣戦布告して戦争が始まった。ドイツがオーストリア、ロシアがセルビアを支持して参戦。イギリス、フランスもドイツに宣戦し、大戦争へと拡大していく。地理的に隔たっている上、何ら利害関係のない日本が参戦する理由も根拠もなかった。日本が動く口実をつくったのが、同盟関係にあったイギリスの思惑だった。

イギリスは八月四日にドイツに宣戦布告するが、その前日に極東地域での日本の援助を要請してきた。ドイツは中国・山東半島の青島に海軍基地を持っていた。ドイツ艦隊が香港などイギリスの租借地に攻撃を仕掛けてくることを恐れたのだ。

八月七日、駐日イギリス大使が加藤高明外相にドイツ艦隊の捜索と破壊を申し入れた。日本側はこれを参戦要請と受け取り、八日夜にかけて対ドイツ戦を決意する。加藤は同盟により参戦の義務はないとしながらも、「英国からの依頼に基づく同盟の情誼」と「国際上に一段と地位を高める利益」から参戦すると主張した（我部政明「日本のミクロネシア占領と『南進』（一）――軍政期（一九一四年から一九二二年）を中心として」）。

「ヨーロッパを見舞った世界戦争の大乱に、遠く離れた日本があえて飛び込んだ理由は、これらの領土（山東半島及び南洋の島々）獲得への願望以外では説明できない。日英同盟の義務に基づいてドイツに宣戦を布告するのだという日本側の主張は疑わしい。一九一四年八月の危機に際しての様々な条件下では、日英同盟の条文はそのように解釈されるべきではなかったからである」（マーク・ピーティー『植民地――帝国50年の興亡』）

一九〇七（明治四〇）年の日露戦後恐慌以来、日本では不況が慢性化し、財政は逼迫していた。社会に閉塞感が広がるなか、大戦への参戦は「日本ノ国運ノ発展ニ対スル大正新時代ノ天佑ニシテ、日本国ハ直ニ挙国一致ノ団結ヲ以テ、此天佑ヲ享受セサルヘカラス」（元老・井上馨）というのが本音だった。

日本の積極姿勢に疑念を抱いたイギリスは八月一〇日、ドイツ艦隊撃滅の申し入れを取り消した。しかし、加藤外相は世論が参戦に傾いていることを理由にイギリスの取り消し要請をはねつける。イギリスは戦域が中国大陸に及び自国の利益を損なうことを恐れ、日本の戦闘区域を制限する提案を出したが、加藤はこれも拒否。八月二三日、ドイツに宣戦を布告する。

「ドイツ軍国主義打倒という大義、日清戦争の際の三国干渉への復讐、ヴィルヘルム二世が唱える黄禍論への嫌悪、など日本の参戦理由はさまざまであった」（等松春夫『日本帝国と委任統治』）

ヨーロッパの混乱を奇貨として領土への野心を秘めた「押しかけ参戦」ともいえよう。

九月初旬、日本は山東に二万九〇〇〇人を派兵。一一月初旬に青島のドイツ総督府を降伏させた。一〇〇〇人ほどのイギリス軍も合流し、日英協力の形をとっていたが、事実上は日本によるドイツ植民地の奪取であった。

一方、南方での作戦は太平洋のドイツ領を根拠地にするドイツ艦隊の撃破を名目に行われた。実際はドイツの艦隊は優勢な日本艦隊との対決を避け、インド洋から本国方面に移動しており、双方の戦闘はまったくなかった。

作戦は九月一二日から始まったが、海軍第一南遣支隊に対して当初、「ドイツ領の占領を目的としない」とする指示が与えられていた。山東半島への出兵とちがい、南洋での軍事行動については海軍内で意見が割れていたのだ。

当時の八代六郎海相をはじめとする海軍省では、ドイツ領諸島の占領はイギリスの警戒心を増幅するとして慎重論が多かった。外務省も懸念を表明していた。だが、作戦活動を担う軍令部や現場の南遣艦隊では強硬論が強かった。

八代海相は九月二七日、第二派の派遣隊である第二南遣支隊の松村龍雄司令長官に次のように指示した。

「この出征に於て、独領群島を占領するというようなことは、非常に外務大臣に於て、外交上面白からぬ結果を来すと思っている故、万一止むを得ず兵員を上陸せしむる如きあるも、国旗を掲ぐることなきよう、また陸戦隊員もなるべく速分に召還するようにせねばならぬ」

松村司令官は同じ日、占領を主張する秋山真之軍務局長（日露戦争・日本海海戦での連合艦隊作戦参謀）にも面会している。

秋山軍務局長は「大臣は常に外務、外務と云つて居るが、さやうなことは決して考慮に置く必要はないと信ずる。抑々《そもそも》渺茫《びょうぼう》たる太平洋上に僅か数隻に過ぎぬ独逸艦隊を索敵などして、これを発見し得るということは難事中の難事で、むしろ不可能と云はねばならぬ。〔略〕独逸諸島有益なものを占領するが君の艦隊の真の目的といふべきだ」と語った。

結局、海軍内では占領の主張が主流を占めるようになり、一〇月七日、出動していた第二南遣支隊の松村司令長官に「占領すべし」の無電訓令が発せられた。

太平洋戦争への重大な伏線

では、海軍の南洋群島占領はどのように行われたのか。当時の海軍は実用に足る南洋群島方面の海図を持っておらず、航海は至難だったという。最初に南洋群島へ向かった第一南遣支隊は一〇月初旬にマーシャル諸島に到達。いったんはヤルート島を占領するが、この時点ではまだ八代海相の「占領せず」の訓令が生きていたため、陸戦隊は艦に引き揚げた。しかし、同月七日に占領の方針が伝えられたため、陸戦隊が再び上陸して占領し、兵を駐屯させた。支隊は引き続き、東カロリン諸島のクサイ、ポナペ、トラックと順次占領していった。

西カロリン諸島には第二南遣支隊が出動した。一〇月七日午前九時、旗艦薩摩はヤップ島南方に停泊。陸戦隊一個中隊が短艇に分乗して上陸を始めたが、岸に着く前に島内から爆音が響いた。ドイツ側が無線電信施設を自爆させた音だった。島には防備兵力も陣地もなく、在島していたドイツ人官吏は山中に逃亡していた。陸戦隊は二日がかりで彼らを拘束した。

パラオを占領したのは軍艦矢矧《やはぎ》で、一〇月八日朝にコロール島に着いた。錨地や上陸地点を探すのに苦労するが、島の酋長や在留邦人の手引きで上陸を果たす。島民は武装して待ち構えていたものの、酋長の説得で抵抗はなく、その日のうちに無血占領できた。矢矧は翌日、アンガウル島も占領。西カロリン諸島の主要三島（ヤップ、コロール、アンガウル）の占領は三日間で終了した。

占領といっても、アンガウル島では日本の守備隊は一〇人足らず。同島にはドイツ燐鉱会社があり、非戦闘員とはいえドイツ人一八人がいて、燐鉱で作業していた多数の島民、中国人がいた。その後、イギリス艦隊の応援のため矢矧が群島を離れたため、西カロリン群島の海域と全島を軍艦薩摩一隻で占領することになる。

マリアナ諸島の主要島で、日本統治時代にもっとも栄えることになるサイパン島は一〇月一四日、軍艦香取によって占領された。この際、軍艦内に祀られていた香取神宮の分霊を分祀して「香取神社」とした。神社は太平洋戦争のサイパン戦で焼失したが、現在、砂糖王公園（シュガーキングパーク）内の香取山に祠と鳥居が再建されている。

海軍の希望は永久占領（領土化）だったが、列強各国の反応に配慮して、陸戦隊には大戦後の講和会議までの一時占領の指示が出された。ただし、領有を見すえ、概略次のような訓令が与えられている。

「占領中は軍紀風紀を維持すること。陸戦隊の言動は将来の南洋での帝国利権の発展に多大の影響を及ぼす」

「占領中、群島内の民心を鎮撫すること。わが軍に反抗する者は厳にこれを処罰すべきだが、土人〔島民〕に対してはその習俗を重んじ、信仰を傷つけず、仁政を行って懐柔し、われらを敬愛させるよう注意せよ」

占領時の南洋群島の人口は島民が約四万三〇〇〇人、日本人約二〇〇人、中国人約五〇人、西洋人は約一三〇人程度だった。

政府は当初、ヤルート島を除く島々の軍事占領を公表せず、秘密裏に粛々と支配下に置いた。ただし、ドイツ領の「ぶん捕り」は日本だけではなく、オーストラリアがニューギニア、ビスマルク諸島、ナウル、ソロモン諸島を、ニュージーランドがサモアを占領した。

日本の南洋群島占領に欧米各国は警戒感を強める。オーストラリア、ニュージーランドにとって、日本は安全保障上、目睫の問題となる。オランダは日本が南洋群島にとどまらず、インドネシアに野心があると疑った。

アメリカも激しく反発した。参戦が遅れ（一九一七年四月）、「分け前」にあずかれなかった口惜しさもあった。その上、南洋群島はアメリカ本土とその植民地であるフィリピン、軍事基地のグアムの間に陣地群のように立ちはだかる位置にある。それまで日米の海軍は双方を仮想敵国としていたが、予算編成上の便宜的なものだった。日本の南洋群島支配は、日本の戦略的優位、アメリカにとっての脅威がにわかに具体的な形で提示されたことになった。それが太平洋戦争への重大な伏線となる。

実際、日本は南洋群島よりもさらに南西、豊富な資源を内蔵する赤道以南のインドネシア方面への進出を狙っていた。ただし、この時点では軍事的な南進ではなく、有利な経済活動の展開と資源確保を狙うものだった。

イギリスは各国の懸念を踏まえ、南洋群島の領土化を望む日本に対して、占領を追認する代わりに大戦中の作戦行動区域を赤道以北＝日本、以南＝イギリスとすることを提案し交渉がまとまった。

委任統治の受任国というステータス

大戦中の一九一七年一月から三月、日本はイギリス・フランス・ロシア・イタリアと軍事協力の見返りにドイツ領諸島の併合を認めさせる秘密協定を結んだ。日本の南進はオーストラリア、ニュージーランドにとって脅威だったため、二国の防衛線延伸のための領土獲得も認められた。敗戦国ドイツの太平洋領土はハゲタカに食い荒らされるように各国に併呑された。

日本は領土化に前進したものの、南進を赤道でストップされたことになった。この〝躓《つまず》き〟が南洋群島を「拠点」「跳躍台」として南方へ進出する「昭和の軍事南進論」の底流にある。

一九一九年一月から始まったパリ講和会議に戦勝五大国として臨んだ日本の要求は、山東半島のドイツ租借地の権益継承と南洋群島の領有だった。戦時中のイギリスほか各国との密約により、領土化は認められると見通していた。しかし、壁が立ちはだかる。会議を主導したアメリカのウィルソン大統領である。

ウィルソンは戦後の国際秩序構築のための国際組織設立と植民地の分割反対、民族自決の理想主義を掲げていた。ウィルソンの主張は講和会議の一年前に発表した「一四カ条の平和原則」（秘密外交の廃止、民族自決、国際平和機構設立など）に基づいていた。ただし、その裏では現実的な打算もあった。

先に述べたように、アメリカが参戦したときにはドイツの植民地は各国に占領され消滅していた。南洋群島領有に関する日本とイギリスなどの秘密交渉を知らされていなかったことへの反発もあった。

また、重大な意味を持ったのが、南洋群島の戦略的な位置だった。南洋群島が日本の領土になった場合、海軍がこれらを要塞化するのは必至である。そうなればアメリカ本土、ハワイ、フィリピン、グアムの経済、軍事連絡線が脅威にさらされる。国防上、何としても日本の領有を防がねばならなかった。

ウィルソンは講和会議初頭に非併合、民族自決を原則とする「国際連盟規約草案」を公表する。そこに旧植民地の住民の同意を得て、国際連盟の代理人もしくは受任者として特定の国に統治を委任する「委任統治制度」が盛り込まれていた。

委任統治は旧態依然とした帝国主義的植民地分割思想と民族自決の理想主義の妥協の産物であった。しかし、英連邦のオーストラリア、ニュージーランド、南アフリカは旧ドイツ植民地の併合を強硬に主張し、委任統治案に反対した。日本も南洋群島併合を求めた。暗礁に乗り上げたかにみえた交渉はイギリスの提示したさらなる妥協案で進展する。それは統治方式をA式、B式、C式の三種に区分する提案だった。

A式は「文明化が進んでおり住民のレベルも高く、自立が可能」とされる地域で、国際法上の保護国に近く、地域の自治政府を受任国が後見するものだった。これは旧トルコ領の中東地域に適用される。

B式は「文明化が進んでおらず住民のレベルも低く、当面独立は難しい」とみなされる地域。中央アフリカの旧ドイツ領に適用された。

C式は「文明から遠く離れ、住民のレベルは低く、独立は不可能」とされた地域で、旧ドイツ領の南西アフリカと太平洋地域に適用されることになる。

B式、C式とも受任国の統治下に置かれる点で実質的に植民地と同じであった。B式、C式の違いは、B式には門戸開放原則が適用され、C式にはない。C式地域は受任国が「その領土の構成部分として、その国法の下に」統治するもので、「隠された併合」と呼ばれることになる。

この妥協案は一九年四月二八日の講和会議総会で承認され、委任統治規定は国際連盟規約二二条となる。日本は晴れて、旧ドイツ領マーシャル、マリアナ、カロリンの三諸島――六二三の島々（環礁を含めると一五〇〇以上）と東西約五〇〇〇キロメートルの広大な海域を支配下に置くことになった。

結局、委任統治制度は地域住民の意思を何ら反映せずに決められ、民族自決の理想からほど遠いものだった。

ただ、民族自決へ向けた前進であったことも否定できない。南洋群島の委任統治史に詳しい等松春夫防衛大学校教授は「委任統治制度は『征服の権利』を否定した。委任統治制度の設立後、各国は戦争の結果としてあからさまな領土の併合を期待できなくなった。〔略〕委任統治地域が常に国際連盟の監視下にあるという事実は、受任国の委任統治地域の施政に対して一定の好ましい影響を与えた。また、このことは受任国が統治する直轄植民地における行政の水準を向上させるという副次的効果もあった」（前掲『日本帝国と委任統治』）と述べている。

筆者の取材に対して等松教授は、日本が南洋群島を「獲得した」意義について次のように語ってくれた。

「日本は戦勝五大国として、国際連盟の常任理事国となった。一等国としての自尊心は高まったが、講和会議で提起した人種差別撤廃案が否決されたことがトラウマになった。白人の国々に包囲されているという意識と劣等感は完全にぬぐいきれなかった。それを埋め合わせたのが委任統治だった。常任理事国だけではなく、委任統治の受任国にもなるということは、当時大変なステータス。ほかにはイギリスとフランスだけだった」

日清、日露戦争に続き、「戦争は国益」という成功体験が積み重なった。昭和の戦争を考えるとき、第一次大戦で得た「利益」は軽視できないだろう。

ジョーカーを引いた日本

日本は南洋群島を事実上の植民地として統治していくことになるが、委任統治には勝手放題に統治できる植民地にはない「くびき」があった。日本に課せられた義務は次のようなものだ。

「国際連盟加盟国の通商貿易に均等の機会を与える」

「地域住民の良心・信教の自由を確保し、宗教的な差別を行わない」

「委任統治に関しての報告書を年に一度、国際連盟に提出する」

「築城、陸海軍施設の建設を行わない。住民に対して軍事教育をしない」

「住民に対する酒類、武器の取引、奴隷売買を行わない」


日本はのちに国際連盟を脱退したあとも、年報を送り続けた。アメリカとの軍事的緊張が高まるのを懸念した海軍が基地建設を行わなかったため、非軍事化の規定は太平洋戦争の数年前まで忠実に守られた。しかし、他の義務についてはどうだったかは次章で述べる。

等松教授は「有色人種の日本人が他の民族を統治できれば自信になる。統治をしっかりやることは、その民族の能力、先進性を証明することでもあった。だから、その後の日本の統治は同時代としては善政といっていいのではないか」という。

委任統治制度はウィルソンの理想主義を骨抜きにしたようにも見える。しかし、日本の南洋群島〝領有〟は阻止できなかったものの、非軍事化という実はとった。アメリカの外交・安全保障政策にとっては勝利だったかもしれない。そして、結果的にみれば日本はとてつもないジョーカーを引いたことになった。

第二章　冒険ダン吉と三等国民

南洋諸島を支配した海軍の体現者

「偶然野蛮島で王様になったわがダン吉君は、島のため、蛮公たちのために、なにかよいことをしてやろうと、いつも考えていました。蛮公たちもかなり利口になってきましたが、それでもまだ学問がないので、知識が文明国の子供にも及びません」

島田啓三作の人気漫画『冒険ダン吉』は一九三三（昭和八）年六月から講談社の『少年倶楽部』で連載が始まり、三九（同一四）年七月まで六年余り、付録を含めると計七六回続いた。戦前期の少年漫画としては『のらくろ』と人気を二分していた。

南洋群島を支配していた期間の日本人一般の島民観は「腰蓑だけの裸の野蛮な土人」で一貫しており、彼らを文明化するのは神聖な使命だと信じていた。それをわかりやすく、あっけらかんと可視化したのが『冒険ダン吉』だった。

少年ダン吉はある日、相棒の黒ネズミのカリ公と釣り船で昼寝をしているうちに漂流し、熱帯の島にたどり着く。そこは食人種の「蛮公」がいる「野蛮島」だった。ダン吉とカリ公は文明国の知恵を駆使して蛮公の酋長を平伏させ、王様になる。

「蛮人なんてほんとに智恵の足りないものです。とうとう生け捕られてしまいました。『やい蛮公、白ん坊の智恵にはかなうまい。これから僕たちを食べないというなら許してやる。』『ウヘッもう決して白ん坊様は食べません。コリゴリです。』酋長はタドンのような涙を流してあやまります」

登場する蛮公は真っ黒な肌に分厚い唇、腰蓑だけの裸体で「未開、下等、愚鈍、怠惰な土人」として描かれる。全員肌が黒くて見分けがつかないので、ダン吉は蛮公の胸に白い番号を書いていく。このカリカチュアは日本の子供たちに「土人」「黒人」イメージを定着させ、戦後のある時期まで消えなかった。

島の王様になったダン吉（『冒険ダン吉漫画全集』より）

「野蛮島の王様になったダン吉君、島の平和を守り、人民どもを幸福にするために、いろいろと智恵をしぼって設備をしました」

島に日の丸を掲げたダン吉は軍備を整えながら、平和な統治に努め、学校、病院、郵便局、鉄道など近代の制度を教えていく。「日の丸神社」を建てるなど、皇民化教育にも余念がない。星条旗に似た旗をもった白人の侵略に備えて城を築き、徴兵制をしいて富国強兵策を進める。支那事変（日中戦争勃発）の報を聞くと、支那軍基地を攻撃するなど愛国心も発揮する。

ダン吉はもともと軍の申し子だった。ダン吉の名は一九三二（昭和七）年の第一次上海事変で軍神になった爆弾三勇士からとったものだという。陸軍の『のらくろ』に対し、ダン吉は南洋群島を占領、支配した海軍の体現者である。

ちなみにダン吉にはモデルがいるといわれている。森小弁《こべん》という人物で、一八九二年にトラック島へ移住。部族間の闘争に加わるなど、いくつもの冒険を経験し、島の有力者の娘と結婚する。コプラ貿易などに従事し、学校建設など地域の文化水準向上に貢献した。彼の子孫は二〇〇〇人以上といわれ、現在のミクロネシア連邦大統領エマニュエル・モリもその一人だ。

いかにもダン吉といえなくもないが、作者の島田啓三は「モデルはいない」と断言しており、「森＝ダン吉」は俗説だろう。ただ、昭和初期にヒットして長く歌い継がれた歌謡曲『酋長の娘』は森をモチーフにして作られた。

私のラバさん　酋長の娘　色は黒いが　南洋じゃ美人
赤道直下　マーシャル群島　椰子の木蔭で　デクデクおどる

踊れ踊れ　どぶろくのんで　明日は嬉しい　首の祭り
踊れ踊れ　踊らぬものに　誰がお嫁に　行くものか
昨日浜で見た　酋長の娘　今日はバナナの　木蔭で眠る

なんともいえない歌詞である。ダン吉同様、日本人の南洋観をあっけらかんと表現しているといえようか。

しかし、現実には日本人が「酋長の娘」を嫁にもらうことは難しかった。

「チヨ（一九二五年生、パラオ人）は日本の役人と恋をして、ふたりとも結婚したかったのだけれど、日本政府は絶対に結婚を認めてくれなかったと悲しげに語った。もし日本官吏がパラオ女性と結婚したら、辞職しなければならなかったそうだ」（荒井利子「日本統治時代からパラオ諸島に残る親日感情をめぐって」）

日本人と南洋群島の住民の結婚は認められなかった。徹底した同化、皇民化教育を行いながら、「三等国民」の彼らを内懐に入れようとはしなかった。委任統治領であり領土ではなかった南洋群島の人々は、正式には「国民」ですらなかった。

守備隊による島民教育

日本による南洋群島の支配を一九一四（大正三）年一〇月の海軍南遣支隊による無血占領から振り返ってみる。

ただちに軍政が始まるが、南遣支隊は同年一二月二八日に解散、臨時南洋群島防備隊が設立された。防備隊の司令部はトラック諸島に置かれ、司令官の下に高等文官の民政顧問二人がいた。防備隊の管轄区域はサイパン、ヤップ、トラック、パラオ、ポナペ、ヤルートの六管区で、各管区の守備隊と民政事務官が占領行政にあたった。

一五（同四）年一月七日に出された「南洋群島占領諸島施政方針」には軍政の基本方針が示されている（傍線筆者）。

第一条　施政ハ凡《すべ》テ軍事上ノ便利ヲ主眼トシテ占領諸島ノ治安拓殖ヲ図ルヲ目的トス

第二条　施政ハ占領諸島土人ヲシテ我国ノ統治ニ帰服セシムト同時ニ為得《なしえ》ル限リ我邦人ノ勢力ヲ扶植スルヲ主旨トス

南洋群島取得の狙いの第一は軍事戦略上の要請であった。そして南洋群島の領土化を進めるためにできるだけ多くの日本人を居住させることを目指すという。

四年後の一九年に国際連盟の委任統治が承認され、「島民の文明化」「自立の後見」が建前となったが、この「本音」は、以後の統治で変わることはなかった。

軍政を担う海軍がまず力を入れたのが教育だった。ドイツに代わって新たな支配者として各島に威令を周知するためには共通言語が必要であり、そのための日本語教育制度の確立が急務であった。最終目標は南洋群島の植民地化・日本化である。

といっても、占領当初は遠方の南洋に多数の教員を派遣することは難しく、島民教育は各島守備隊が行うことになった。将校が校長、下士官や兵が臨時教員を務めた。サイパンでは一五年一月から早くも島民子弟の現地教育が始まっている。ドイツ時代の官立小学校生徒を集めた新たな学校が開校、日本語教育が進められた。この年一二月に発令された「南洋群島小学校規則」の第一条は島民の教育目的を次のように定めた。

「小学校ハ本島民ノ児童ニ徳育ヲ施シ国語ヲ教ヘ身体ノ発育ニ留意シテ生活ニ必須ナル普通ノ智識技能ヲ授ケ修身奉公ノ道ヲ教フルヲ以テ本旨トス」

日本への帰順と同化を幼少の島民から徹底しようという方策である。小学校規則の一七条に定められた祝祭日は「元始祭、新年宴会、紀元節、神武天皇祭、明治天皇祭、天長節、天長節祝日〔大正天皇誕生日は八月三一日だったが、盛夏期のため、一〇月三一日を祝日として各種行事を行っていた」、神嘗祭、新嘗祭、春季皇霊祭、秋季皇霊祭、開校記念日」だった。

一八条には紀元節、天長節、元日には教職員と児童は学校に参集。君が代を合唱、校長が教育勅語を読み上げたあと、皇居を遥拝するように明記されていた。

当時の小学校教員心得には「南洋群島ノ島民ヲ教育シ、之ヲ同化スルハ洵《まこと》ニ皇国ノ使命ナリ」と書かれていた（石上正夫『日本人よ忘るなかれ――南洋の民と皇国教育』）。

天皇制とは縁もゆかりもなかったミクロネシアの人々に対して拙速な施策で、地域文化を無視した「日本」の押しつけといわれても仕方ない。

軍政時代、サイパンのほかトラック、ヤップ、ポナペ、ヤルートなどに九つの小学校、一一の分校が設立された。小学校は四年制で、八歳から一二歳までの児童が通った。当初は日本人と平等が強調され、教室も教科書も同じだった。

『南洋群島教育史』（一九三八年）は「彼等島民は、日本人は欧米人に比較して、親しみやすく、義理堅く、しかして威張ることはないが、犯し難い所があるといふ誠に好い印象を与えて居たらしく信ぜられる」と記している。

その理由は欧米人と島民との間には戦争、虐殺など殺伐とした歴史があるが、占領以前から商業活動で渡航し、島民と接触してきた日本人は何ら危害を加えたことはないし、反感を買ったこともないからだ、としている。

欧米人支配の悪例と比較すれば「日本人は良心的」といえるかもしれないが、手前勝手にすぎるだろう。どれほど善政を敷かれたとしても、他民族の支配を受けて屈辱を感じない民族はいない。

「国策移民」により人口は増大

一九一八（大正七）年七月一日、臨時南洋群島防備隊条例が改正され、防備隊司令官の下に民政部が設置された。各民政区に民政署が置かれ、三二人だった民政員は一一一人に増員される。この日をもって軍政は終わり、民政時代の始まりとされる。後年「南洋庁始政記念日」となった。しかし、実態は防備隊のもとでの軍政が続いた。

民政化に合わせて、南洋群島島民学校規則が新たに制定され、小学校は「島民学校」と名を変える。「小学校規則と違い、島民学校規則はとくに天皇崇拝の教育に力点をおいた。就学期間は三年になり、地理歴史の科目が削除された。翌年、邦人児童のために尋常小学校も設置された」（松島泰勝『ミクロネシア』）

この改正は、これまでの軍による「内地の小学校と同一の教育」は不可能と判断され、「植民地的小学校」が必要との結論に達したためだった。日本人の児童との共学は廃止さ

コロール島の南洋庁（共同通信社）

れ、現地住民との差別化が図られる。

一九年四月末に日本のC式委任統治が承認されたことで、民政移行への動きが加速、二二（大正一〇）年七月、民政部がパラオのコロール島に移転した。同時に民政部の権限が拡大され、防備隊は徐々に撤退していった。

二二年四月、コロールの民政部は「南洋庁」となる、実質的な民政の始まりであった。サイパンほかの各民政署は「南洋庁支庁」となった。各支庁は戸籍、徴税、福祉、衛生、警察、教育、産業、土木などあらゆる行政事務を一手に担った。ただし、海軍は完全に撤退したわけではなく、武官を駐在させて「陰の支配」を続けた。

占領当初二〇〇〇人程度だった南洋群島の日本人の人口は南洋庁設置時には約三三〇〇人に増えていた。島民人口は約五万人弱で、まだ日本人は圧倒的に少数だったが、以後「国策移民」により爆発的に増えていく。

南洋群島全体の邦人人口は一九三〇（昭和五）年に約二万人、三五（同一〇）年に五万人を超えて島民人口と逆転。四三（同一八）年には約九万七〇〇〇人と島民の倍近くにまでふくれあがり、南洋群島は日本化された。

各島別にみると、一九三九（昭和一四）年時点で南洋庁のあったパラオでは日本人（朝鮮、台湾人を含む）約四〇〇〇人に対し島民約三四〇〇人と人口比率はほぼ半々だった。

一方、マリアナ諸島のサイパン島では日本人約二万四三〇〇人、島民約三二〇〇人。テニアン島は約一万五四〇〇人に対して島民は一三人（！）しかいなかった。ロタ島でも日本人約三六〇〇人対島民約七七〇人。マリアナ三島の人口比率は一〇対一で、完全に日本人の島である。

「私は天皇陛下の赤子です」

南洋庁時代になると、学校教育はまた改正され、島民学校は「公学校」になる。就学年齢は八歳以上、成人の入学も許可した。引き続き、日本人との共学は許されなかった。

島民学校で強調された天皇崇拝教育は排除され、身体鍛錬、徳育ほか知能技能育成が目標にされる。天皇崇拝が排除されたのは、信教・思想の自由を保障するよう義務付けた委任統治の条件に反するからだった。しかし、皇民化教育はその後も続けられた。

公学校の教育の目的は〝野蛮な〟島民に日本の〝文明〟を広げることだった。当時の文書に次のような記述がある。

「我が統治後、邦人移住者の増加に依る刺激と、公学校生徒にはシャツ、ズボン等の衣服を給与し、之を着用せしむる等のことがあつたので、次第に着衣するもの多く、服装も次第に改善せられ、中には洋服を着用し、又靴を穿《うが》ち帽子を冠《かぶ》り、調髪して風采一見文明人に異らぬ者を見るに至つた」（前掲『ミクロネシア』）

公学校ではどのような皇民化教育が行われていたのか。パラオの公学校に通った島民の証言を前掲の荒井利子氏の論文（二〇〇五年）から引用する。ちなみに、パラオ人には日本名を持つ人が多いが、これは同化政策の一環で、委任統治時代に流行ったのだという。

「テルコ（一九二三年生）は公学校時代、毎朝校庭で皇居に向かってお辞儀をし、君が代を歌い、紀元節、天長節、お正月には教育勅語を読んだ」

「フサオ（一九二五年生）も皇居に向かって毎朝『私は天皇陛下の赤子です。私はりっぱな日本人になります』と言ったのを思い出す」

一九九〇年代に行われた別のインタビュー（宮脇弘幸「『南洋皇民』の公学校教育、そして今」）では次のようなことが語られている。

タマグ（一九二六年ヤップ生まれ、男性）「日本語は七歳のときに入学したマキ公学校で三年間習った。公学校は各学年一クラス制で児童数はそれぞれ六〇人、教職員は五人。九時から始業し、終業は三時。始業前に日の丸を揚げて君が代を斉唱。一年生のときは島言葉を使ってもよかったが、二年からは禁止となった。一年でカタカナ、二年でひらがなが読めるようになり、三年で漢字も少し習った。ヤップ人も『天皇の子供』と教えられ、『我々は立派な日本人になります』と言わされた」

スサイナ（一九二五年モートロック島生まれ、男性）「ポナペの公学校で五年間日本語を学習。家庭ではポナペ語を話し、学校でも一年生のときはポナペ語で話しても注意を受けなかった。二年生からポナペ語を使うとベランダに立たされたり、便所掃除などの罰があった。日本兵から軍艦マーチ、天長節の歌、浪花節などを教えてもらった」

宮脇氏が聞き取りをした人々は高齢になっても流暢に日本語を話す人が多かった。日本時代の教育は厳しかったが、それによって身につけたこともあると評価している。日本時代への回帰願望も強かった。

前掲書『日本人よ忘るなかれ』の石上正夫氏が取材したロタ島のフィリップという男性（一九一九年、八歳で公学校入学）も「私が小学校のときは岩崎先生という方がいらっしゃって、その先生に非常に可愛がられ、いつも先生の後について先生のお手伝いしたり、お風呂をたいたりして、先生に可愛がられたもんです」と話している。

石上氏は「制度のなかにおける差別をこえて、現地の人びとと人間的つながりを深めていた日本人がおり、フィリップも岩崎はじめ、そういう日本人に親しみを深めてはいった」としているが、フィリップが「一方ではぬぐいきれない差別を悲しく思い、その考えはゆれ動いていた」とも記している。

フィリップは「そのころ、私たちは日本人とはいっさい一緒に遊べなかった。運動会があったら日本人は日本人、現地人は現地人、これがほんとに悲しかった。何ぼ私たちが一緒にやりたいと思っても、ぜんぜんだめだった」と漏らしている。

サイパンの開拓移民史を描いた野村進氏の傑作ノンフィクション『海の果ての祖国』には、島民と日本人の子供のけんかの話が出てくる。


アレハンドロは、次のように回想している。

「〔略〕ワシノ楽シミ。メンコシタリ、コマ回シタリ、ニホンノ子トモ、ヨク遊ンダネ」

だが、日本人の子供とは、よくけんかもした。そんなとき、アレハンドロに投げつけられる悪口は決まっていた。「三等国民！」か「ドジーン（土人）！」である。

「コレ言ワレルト、ワシ腹立ッテネ。コレ言ッタ子供ガ遠イ所ニ住ンデタラ、ソノ場デヤッツケタ〔略〕」

この「三等国民」という言葉は、物心ついてからずっとアレハンドロにつきまとった。「三等国民」は単なる蔑称ではなく、チャモロ人やカナカ人のおかれている状況そのものをも表していたのである。

南洋群島にはチャモロ人、カナカ人という先住民族がいた。チャモロ人はマリアナ諸島を中心に居住し、スペイン人と混血しているといわれる。カナカ人は現在カロリン人と呼ばれており、カロリン諸島の先住者だ。人口ではチャモロ人がカナカ人を圧倒的に上回っており、カナカ人を蔑視していた。カナカ人は南洋群島の階層社会で最下位に置かれていた。

内地観光団と神社建立

社会の差別構造は子供の世界に残酷に反映する。冒険ダン吉や子供の悪口に「悪気」はなくとも、その無邪気さゆえに、いっそう差別される側を傷つける。島民の子供たちは、小学校段階で日本人より「下等」であることをいやが上にも学ばされた。

日本の官吏や警官も島民に対して横暴であり、ときには理由なき暴力を振るうこともあったという。これは南洋群島に限らず、朝鮮半島、台湾ほかの日本の植民地でも同じだった。

ただ、「非文明地域」の住民に対する差別意識は日本に限ったものではなかった。欧米などは彼らを三等国民どころか、人間以下の「動物」並みに扱った。太平洋戦争後に約五〇年間続いたアメリカによるミクロネシア地域の信託委任統治は「動物園政策」と呼ばれるひどいもので、それと比べれば日本の統治は温容で血の通ったものにも見える。

『南洋群島教育史』には「我が南洋群島に於ける教育は、赤道の下、皇国海の生命線を守るべき第二の国民を育成し、又、新附島民を撫育教導して真箇の皇民と化する点に於いて特異且重大なる意義を蔵し」との文がある。また、『南洋群島島民教育概況（中）』（一九四四年発行）にも「之から人とならうとする未開無智の者を教化する」との言葉が見られる（杉岡歩美「中島敦にとっての〈南洋行〉」参照）。

繰り返すが、ここに見られるような南洋群島の人々を一段も二段も低い人間として見下す「正直」で「あっけらかんとした」意識があたりまえの時代があったのだ。

〝野蛮〟な島民に〝文明国・日本〟を見せつける政策として軍政期に行われたのが「内地観光団」だった。南洋群島住民のなかで「酋長、名望家等」を選んで観光団として日本に送り、京浜・京阪神地方などを数週間にわたって観光させた。

訪問先は海軍関係の軍施設など日本の国力を象徴する場所が中心で、島民の指導層を日本に帰服させ、間接統治を行うのも目的だった。観光団は一九一五（大正四）年から二一（同一〇）年まで計六回実施され、のべ六六〇人の島民が参加した。

教育以外の皇民化政策の一つに神社建立があった。日本が統治していた間、南洋群島には二七の神社が作られた。もっとも早く建立されたのはサイパンの中心街ガラパンの彩帆《さいぱん》神社（一九二五年一一月三日創立）である。前章で紹介した軍艦香取から分祀した香取神社の名を改めたのがこの神社だった。

その後、南陽神社（一九三六年）、南興神社（一九三七年）などサイパンに五社、テニアンに六社、ロタに三社とマリアナ諸島に最多の一四社が建てられた。

南洋庁のあるパラオには六つの神社があったが、そのなかに南洋群島の総鎮守・官幣大社南洋神社がある。南洋神社は一九四〇年の紀元二千六百年を機に建立されたもので、国家神道・皇国イデオロギーがもっとも強烈に照射された神社だった。

朝鮮半島、台湾など日本の植民地では神社が現地住民の日本化・皇民化の装置として機能していたが、南洋群島では少し事情が違っていた。委任統治の義務である信教の自由の保障が壁になった。戦前の日本は「神道は宗教ではなく、国家の祭祀」との見解を示していたが、神社参拝の強要は国際社会の反発を招きかねないので、他の地域のように強引に推し進められることはなかった。

島民のほとんどがキリスト教信者であり、彼らの信仰を抑圧してまで神社崇拝を強いることは統治政策上好ましくないという判断もあった。結局、皇民化にもっとも大きな役割を果たしたのは学校教育だった。

衣の下の植民地支配

大多数の日本人が「文明化に立ち遅れた地域は支配されてあたりまえ。遅れた民族を『文明国・日本』が善導することに何をはばかることがある」と思っていた戦前期でも、日本の南洋群島支配の方法に疑念の目を向けた同胞もいた。

戦前の数少ない南洋群島研究のなかで最高峰といえる『南洋群島の研究』（一九三五年）を著した経済学・植民地政策学者の矢内原忠雄は、委任統治を「文明の神聖な付託」としながら裏面では事実上の領土として自国の政戦略のコマとして扱う「衣の下の植民地支配」を厳しく批判した。

矢内原は委任統治の精神は国際主義にあり、従来の領土分割的植民地支配を抑制するものでなければならないとするウィルソンの理想主義を踏襲していた。

矢内原はまた、日本の同化政策にも批判的だった。「植民地」全般で行われている強制的同化は自然な同化にとってかえってマイナスになると主張した。主に朝鮮半島に焦点を合わせた論だが、「政策による同化は不可能」であり、「既に一社会として同化するを得ず」と見た。「朝鮮へ行《ゆ》いて見よ。路傍の石悉く自由を叫ぶ」とも訴えた。これは南洋群島にもいえることだろう。

よくいわれる「植民地支配が結果的に地域の文明化を促進し、住民の生活水準に寄与した」という「恩恵論」に対しても、帝国主義は感謝を強要する資格はないとして、厳しい言葉を投げつけた。

「恰《あたか》も頭を殴られしことにより発奮成功したる者に対して殴打者が感謝を要求する権利なきが如くである」

このような矢内原の反植民地主義、自由主義的思想が当時の日本で受け入れられる余地はなく、一九三七（昭和一二）年には東京帝国大学の植民地政策講座から追われ、翌年には著書も発禁、公職から追放される。

もう一人の批判者は第一回の芥川賞作家の石川達三だ。石川は一九四一（昭和一六）年五月からサイパン、テニアン、ヤップを経てパラオに一カ月滞在したあと、同年七月に帰国した。この南洋の旅を旅行記『赤虫島日誌』にまとめている。石川は同年六月一七日にパラオ公学校を参観した印象を書いている。唱歌の授業だった。

少女たちの高い声のコーラスがはじまった。それが立派な日本語であったことに、私は裏切られたような気持がした。少女たちは愛国行進曲をうたい、軍神広瀬中佐〔日露戦争の英雄〕をうたい、児島高徳〔南北朝時代の南朝忠臣〕の歌をうたった。日本の伝統を感じ得ないこのカナカの娘たちにとって、八紘一宇の精神や一死報国の観念が理解される筈《はず》はないのだ。美しい鸚鵡《おうむ》の合唱であった。〔略〕これがもしも彼女たちの日本人になろうとする努力の表現であるとすれば、その憐さはひとしおである。

生徒たちは日本人の校長の拍子に合わせて校歌を歌う。生徒の唱歌帳にはカタカナの歌詞がつらねてあった。それは天皇の恩恵をたたえる言葉から始まり、二節目は次のような歌詞だった。

「天恵うすきこの島に、盲人《めしうど》のごと産れきて、西も東も知らざりし、我等が眼にも日はさしぬ。みなまなびやの賜《たまもの》ぞ、あな嬉しやな、楽しやな」

石川はこれを聞いて悲しくなる。そして独白する。

「この歌を作った人が誰であるか、私は知らない。ただその作者の支配階級意識に驚嘆した。そしてこの歌を嬉々として歌う少女たちを涙なくして考えることはできなかった。〔略〕スペインに占領されドイツに譲渡され、さらに日本の統治をうけている、この事実だ。しかし私は疑う、この少女達にかくも悲惨な民族の悲劇を教え自覚させる必要があるだろうか。こういう侮蔑的な歌をうたわせて恩に着せる必要がどこにあろう」

南洋群島の人々を同じ人間の視線で見つめた日本人に、やはり作家の中島敦がいる。『山月記』『李陵』で知られる中島は一九四一（昭和一六）年六月から約一〇ヵ月、南洋庁内務部地方課国語編修書記として南洋の各島に滞在した。現地での国語教科書編纂が仕事だった。

滞在中につづった書簡で中島は「現下の時局では、土民教育など殆ど問題にされてをらず、土民は労働者として、使ひつぶして差支へなしといふのが、為政者の方針らしく見えます。〔略〕此の仕事への熱意も、すつかり、失せ果てました」「土人の教科書編纂といふ仕事の、無意味さがはつきり判つて来た。土人を幸福にしてやるためには、もつと〳〵大事なことが沢山ある」と訴えている（前掲「中島敦にとっての〈南洋行〉」）。

矢内原や石川、中島のように、同じ人間としての感性で南洋群島や植民地を見る日本人はきわめて少数だった。

「北の満鉄、南の南興」

　南洋群島の占領・統治史、または同化政策史という面で教育の話を書いてきたが、開拓史に移りたい。南洋群島の開拓を語るなかで欠かせないキーワードが「南洋興発」と「沖縄」である。

　一九一四年に南洋群島が海軍に占領されると、日本から開拓者たちが続々と押し寄せた。南洋群島はアンガウル島の燐鉱以外にこれといった資源はなく、大地も不毛とまではいえないものの、けっして滋味豊かな場所ではなかった。日本が新たな「植民地」を獲得したことへの興奮と南洋への漠然としたあこがれが、冒険者たちを誘ったのだろう。

　当時、大戦の影響で砂糖が空前の高値だったため、サイパンでの製糖業が試みられた。乗り出したのは「西村拓殖」で、ほとんどが密林に覆われていた島を開墾し原料のサトウキビを栽培、製糖工場も立ち上げた。しかし、計画がずさんだったことやサトウキビが赤腐病に犯されたこと、二〇（大正九）年の恐慌で糖価が暴落したことにより破綻した。この事業で人夫として約四〇〇人の朝鮮人が送り込まれたが、島に放置され帰るに帰れない状況だったという。

　一七（同六）年には「南洋殖産」がサイパンに進出。製糖のほか、椰子や麻、綿花の栽培、燐鉱など幅広い事業を行った。ただ、同社の経営も思わしくなく、西村拓殖同様、恐慌で破産した。これにより、サトウキビ栽培のため入植した小作人一〇〇〇人余りが生活の糧を失い窮乏。帰国する金もなく、飢餓に陥るなど「移民地獄」といわれた悲惨な結果となる。

実は海軍による軍政期、大蔵省は南洋群島を外国へ売却することを主張していた。統治費用に年五六〇万円の巨額な費用がかかっていた。群島内の産業育成の失敗で税収が伸びず、このままでは国庫にとてつもない負担がのしかかる恐れがあったからだ。

移民地獄の惨状は国際的非難を浴びかねず、日本の統治能力に疑念を生じさせる可能性が高かった。南洋群島は日本とって無用の長物となりかけていた。

そこに「救世主」が現れる。台湾で製糖業を営んでいた実業家・松江春次である。彼はのちに南洋の砂糖王（シュガーキング）と呼ばれるようになる。現在もサイパンの砂糖王公園にその銅像が屹立している。

一九二一（大正一〇）年二月、松江は台湾から南洋群島に転進する。サイパン、テニアンで製糖事業に乗り出すため、同年一一月二九日、西村拓殖、南洋殖産などを整理して「南洋興発株式会社」を設立した。南満州鉄道と並んで「海の満鉄」といわれ、「北の満鉄、南の南興」と称されるまでになる一大国策企業のスタートだった。

南洋興発の製糖工場に運び込まれるサトウキビ（毎日新聞社）

製糖業は労働集約的産業である。大量の労働力が必要だが、松江は雇用労働形態になじんでいない現地住民を「惰民」とみて雇用するつもりはなかった。そのため沖縄県から大量に移民を採用する計画を立てる。沖縄の農民はサトウキビ栽培に慣れていること、南洋と気候が似ていて順応性が期待できること、国内ではもっとも人口過剰に苦しみ、早くから移民がさかんだったこと、などに目を付けた。沖縄人の労賃も安かった。

沖縄側にも移民が積極的に押し出される要因があった。農村のすさまじい困窮である。一九二三（大正一二）年の関東大震災による震災恐慌以来、二七年の金融恐慌、二九年の世界恐慌、三〇年の昭和恐慌と、日本経済は恐慌が慢性化していた。

沖縄は恐慌慢性化以前から貧しく、県民六〇万人のほとんどが農業で生計を立てていた上、サトウキビ栽培が中心のモノカルチャー経済だった。もともと不安定な経済基盤であったが、長引く不況による糖価の暴落は沖縄経済に壊滅的打撃を与えていた。サイパンの移民地獄と同様、沖縄でも「ソテツ地獄」といわれ、農民は塗《と》炭《たん》の苦しみのなかにいた。農民は米はおろかイモも口にすることができず、野生の蘇鉄《そてつ》を食べて飢えをしのいだことからこう呼ばれた。野生のソテツを食べるには、十分な水洗いと発酵でサイカシンという有毒成分を除去する必要があった。飢えた農民のなかには調理の時間の余裕もなく有毒のソテツを口にして中毒死する者も多かった。

移民はこのような地獄からの脱出だった。二二年以降、年平均七〇〇〇人が県外に流出した。昭和初期には年二万人にも上った。

松江の移民計画により二二年六月、沖縄の成年男子五四〇人を乗せた貨客船「日高丸」がサイパンに到着した。同年末までに約二〇〇〇人がサイパンに入植。それ以前からの移民と合わせて三〇〇〇人が土地の開墾、製糖工場建設、鉄道敷設などに従事し始めた。二三（大正一二）年三月一〇日にはサイパン製糖工場が完成した。

しかし、初年度、第二年度ともサトウキビがオサゾウムシの被害を受け、事業としてまったく成り立たなかった。この惨状に国内では移民地獄のときに続いて二回目の南洋群島放棄論が持ち上がったほどだった。

しかし、二五（同一四）年に飛躍的な成果を上げて、南興の製糖事業は持ち直す。翌年には製糖の副産物の糖蜜を原料としたサイパン酒精工場も操業。三〇（昭和五）年にはテニアン製糖工場も完成した。

サイパンでは南興の直営農場のほかに五つの村（農場）があり、南興の農務課主任が村長を務めた。各農場では二〇〇〇人近い小作人がサトウキビを栽培した。刈り取ったサトウキビを運ぶため島を一周する軽便鉄道が敷かれたが、これも南興が運営した。

南興は製糖事業の成功により、鉄道、船舶、製氷、漁業などへ進出する。三五年、静岡県焼津水産組合と共同で「南興水産」を設立。パラオやニューギニア方面でカツオ漁業に乗り出した。製氷・給油施設、鰹節工場も建設。欧米向けの缶詰製造にも着手した。サトウキビ栽培と同様、漁業も沖縄移民の独壇場で、漁業従事者の九割以上にもなった。

三二年にロタ島、アギーガン島を開拓。ニューギニアでの塗料樹脂採取事業、椰子・綿花の栽培、コプラ生産、燐鉱石採掘など事業はどんどんと広がっていった。三三（昭和八）年一月の時点で南興の各種事業に従事する社員、小作人は約七〇〇〇人。家族を加えると約一万五〇〇〇人で、南洋群島在留邦人のほぼ半数を占めた。

三九（同一四）年の南洋庁の収入は約一〇〇〇万円だったが、その八割近い七七〇万円が南興からの税金だった。

当初の移民は成人男性が中心で、南洋は出稼ぎの場だった。南興の盛況もあり、収入は故郷と比べものにならないくらい高かった。飢餓地獄だった沖縄に比べると、南洋群島は楽園＝パラダイスであった。ここを永住の地と定め、家族を呼び寄せる者が増える。沖縄県人の人口はどんどん増えていった。

在留邦人に占める沖縄県人の比率は太平洋戦争期間中まで、多いときで七割超、少ないときでも六割に達した。沖縄県に次いで移民が多かったのが意外にも東京都だが、これは小笠原など島嶼部の人たちが中心だった。次いで福島、鹿児島、山形の各県が多い。福島が多いのは、松江春次が会津出身で、故郷の人々を多く呼び寄せたことが関係している。

沖縄県人に対する差別

南興の事業成功により、南洋群島は自立し、富を生む「植民地」となった。人々はますます南洋の島々に引き寄せられた。一九四三（昭和一八）年の邦人人口は約九万七〇〇〇人となり、南洋群島全在住者の六五パーセントまでになった。サイパン、パラオ管内では九三パーセント（四一年）に上り、日本人が乗っ取ってしまったといえる。

急激な移民の増加は南洋群島の経済が安定してきたことにあるが、その背景には国策もあった。委任統治制度によって植民地領有を阻まれた日本は、大量の移民を送り込むことによって南洋群島を日本化し、「領土」を既成事実とする狙いがあった。移民は島々を奪い取る「弾丸」として使われた。

「第二の沖縄」と化した南洋群島だが、沖縄県人は階層構造の下に置かれていた。現地住民は三等国民と蔑視されていたことは述べた。一等は日本人だとして、二等は何か。容易に想像がつくのは植民地だった朝鮮半島、台湾の人々であろう。ところが、二等のなかに沖縄県人が入れられていたのだ。これは内地でも同様だった。

近代以降、日本は小笠原諸島、琉球、台湾、朝鮮、南洋群島の順に外地を「併合」していった。各地域の住民は外形上、大日本帝国臣民となったが、領有時期が下るほど「日本人」としてのアイデンティティが希薄になるのは避けられない。征服者の側も同じで、これら植民地の人々は純粋の日本人とは違う二等とみなされた。

戦前期の日本人（内地人）にとって、沖縄の人々は「植民地の住人」であった。現在も意識の底流にその差別意識がないといえるだろうか。そして植民地でもないのに、「新参」の南洋群島の住民は勝手に三等と決めつけられた。太平洋戦争の末期、沖縄と「第二の沖縄」である南洋群島が本土防衛の捨て石とされた要因として、この二等、三等観が無関係だったとは思えない。

二等国民として扱われた沖縄県人の賃金は内地の日本人と格差をつけられた。その下が朝鮮人、島民だった。このほかにも差別的待遇があり、南興に対する沖縄県人の小作争議が一九二七（昭和二）年と三二（同七）年に起きている。南興の横暴に対しては「人間牧場だ」という非難もあった。

沖縄移民が差別された理由は「植民地住民」という蔑視のほかに、困窮した下層民が多かったこともあった。移民した島でも貧しい身なりで貧窮生活を送る人たちが目立ち、内地人だけではなく、島民からも軽蔑の視線を送られた。

パラオでは階層順位が内地日本人、パラオ人、沖縄移民だったという。パラオ人が戦後も親日傾向にあるのは、「同化政策の影響で自分たちの方が沖縄県移民より上で日本移民に近いと考えることで、実際は差別されているにも関わらず被差別意識は薄れた」ことが要因とする指摘もある（前掲「日本統治時代からパラオ諸島に残る親日感情をめぐって」）。

島民の間ではチャモロ人がカナカ人を下に見ていたが、パラオではチャモロ人が沖縄県人を「ジャパン・カナカ」と呼んで蔑視していたという。

内地との習慣の違いも差別を助長した。沖縄方言は内地の人間には外国語のように聞こえ、酒を飲んで大声で騒ぎ踊る文化は理解されなかった。『赤虫島日誌』で島民に人間的同情を示した石川達三も沖縄県人には辛辣な言葉をぶつけている。

「彼等〔沖縄県人〕は文化を知らなかった。というよりもむしろ文化を要求しなかった。カナカ族よりも貧しい暮しに平然として、賃金を郷里へ送りかえすか又は酒代にしてしまうという風である。〔略〕大資本はこの島に物産と文化とをもたらしたが同時に文化を受けつけない人間を入植したのであった」

悲しきナショナリズム

南洋群島が「第二の沖縄」化したことが、太平洋戦争での玉砕につながったと指摘する意見がある。現在、ミクロネシア史にもっとも詳しい研究者の一人である法政大学教授の今泉裕美子氏は軍事戦略の面で語られていた南洋群島の玉砕が「日本統治の産物」だという(「日本軍による支配の実態と民衆の抵抗　ミクロネシア」)。

「日本人勢力の扶植として導入されたのは、日本社会の底辺に置かれた農民、労働者であった。さらに戦時に労働力源として、沖縄県人、朝鮮人、囚人が選ばれたことも、南洋群島の社会構成と無関係ではないように思われる。すなわち、南洋群島に送られた人々は『棄民』の一面も持ち得たのではないか、と思う」

「棄民」ゆえに、南洋群島の住人が本土防衛の捨て石となるのは当然とみなされる。そして「南洋群島での『日本化』政策が、その真価を最も有効に発揮したのは、まさにこの点においてではなかったか」と今泉氏はいう。

日本化、皇民化政策は先住民に向けてのものだけではなかった。〝植民地〟であり、〝二等国民〟の沖縄県人をも強烈に感化し、本国への忠誠心を醸成した。

多くの沖縄県移民を雇用した南洋興発には「南興精神綱領」というものがあった。いわば社訓である。

一、皇室を敬ひ国体を重んずべし
一、純忠至誠の大和魂を以て南洋産業の興隆に力むべし
一、家族主義を基調とし同心協力すべし

南興社長の松江春次は島民の皇民化教育に熱心で、「南興イデオロギー」といえるものを扶植していた。

松江は南洋群島および沖縄の飢餓寸前だった農民を救済し、南洋経済を発展させた立役者として高く評価されている。一方で、「松江天皇」といわれたワンマンぶりも有名だった。「農民搾取」「帝国主義を推進した植民地主義者」という批判もある。

南洋群島には南興従業員約四万八〇〇〇人（職員一六〇〇人、耕作者三四八三戸）がいた。

このうち一万四五〇〇人が戦没している。松江は南洋群島が戦場になる前の一九四〇（昭和一五）年一二月に社長を退き、戦時には帰国していて玉砕戦には巻き込まれなかった。

サイパン、テニアンでは多数の民間人が投降せず、軍と同じ「生きて虜囚《りょしゅう》の辱めを受けず」の命令どおりに自決した。軍による強要やその場の「空気」もあっただろうが、生き残った人たちの証言を読むと、その方向以外は視野に入らない思考状態だったことがわかる。これは沖縄戦でも見られた。

筆者は沖縄移民が「日本人」でも「植民地人」でもない、よりどころのないアイデンティティゆえに、強いナショナリズムを発揮する精神状態にあったと考えている。共同体から疎外され、もしくは周縁にある人々が中心の人々よりも強烈な愛国心を持つ場合がある。「下層」が「上層」に近づくための、悲しい精神作用である。

沖縄の人々はパラオの公学校で軍歌を歌っていた島民の少女たちと同様、懸命に「日本人」になろうとしていたのではなかったか。それゆえの玉砕ではなかっただろうか。

第三章　海の生命線

南洋群島がアメリカ海兵隊を育てた

サイパン島の西岸、観光ホテルが集中するガラパン地区。エメラルドグリーンの美しい海が広がる沖合に、リゾート地に不似合いな灰色の巨船が四、五隻浮かんでいる。これらの艦船は有事以外一年三六五日この場を離れず、サイパン島を威嚇するようにその威容を見せつけている。

船の正体は米軍の「海上事前集積船隊」である。艦には海兵隊の兵器・物資が備蓄されており、有事に即応するのが任務だ。これらの艦船は有事の際、紛争地域まで移動し、物資を運ぶ。海兵隊員を物資とは別に航空機で送り込めば、きわめて迅速な対応が可能になる。

海兵隊を世界各地に展開させるため、太平洋のサイパンとグアム、インド洋のディエゴガルシア島に事前集積船が配備されている。これらの船は湾岸戦争やイラク戦争時に沖から姿を消した。その姿が見えなくなるということは、世界のどこかで戦争が起きているということなのだ。

事前集積船が浮かぶサイパン島西岸は一九四四年六月にアメリカ海兵隊が上陸を敢行した場所だ。多くの海兵隊員の血が流れた海は「海兵隊の海」であり続けている。事前集積船の姿に、そこに何者も立ち入らせないという決然たる意志が感じられる。この海域は歴史的にも戦略上もアメリカにとって「生命線」なのだ。

アメリカ海兵隊（マリーン）は兵力約二〇万人。陸海空に並ぶ第四軍といえる巨大軍事組織だ。太平洋戦争は海兵隊がもっとも輝いた時期であり、彼らの戦争であった。海兵隊は日本が支配する南洋群島を攻略するために鍛え上げられ巨大化した。南洋群島が海兵隊を育てたともいえる。いや、もし日本が南洋群島を統治していなかったら、海兵隊は存続していなかったかもしれない。

アメリカ海兵隊は一七七五年に「大陸海兵隊」として創設された。イギリスのロイヤル・マリーンズを真似たもので、当初は兵隊が集まらず、居酒屋の酔っ払いを無理やり入隊させたという。初代の司令官はニコラスという居酒屋経営者だった（野中郁次郎『アメリカ海兵隊』）。

当初の任務は海軍艦船での安全維持、すなわち荒くれ水兵たちを取り締まる海上警察だった。海軍にとっては煙たい存在で、軍が近代化した一九世紀末になると海兵隊不要論が唱えられる。一八九八年のスペインとの米西戦争でも大きな活躍の場はなかった。陸軍でも海軍でもない継子として、存続はいよいよ危うくなる。

転機は一九一四年の第一次世界大戦だった。アメリカは一九一七年四月に参戦。海兵隊は組織存続をかけて欧州大陸に乗り込んだ。そして退却を拒むブルドッグ精神で勇名をはせ、その存在を認められた。この戦争で約一万人だった海兵隊は約七万五〇〇〇人へと成長した。

ところが、大戦後の世界的軍縮の流れのなかで、海兵隊は一万五〇〇〇人まで縮小されてしまう。そして、世界情勢はアメリカの海洋での軍事戦略に大きな変更を迫ることになる。先に述べたように南洋群島の存在であった。

「すなわち、西部太平洋におけるマリアナ、カロリン、マーシャル諸島は、日本の委任統治領となり、勝者のアメリカは、逆に太平洋地域では、大戦前より弱者となってしまった。アメリカは、グアムとフィリピンに前進基地を有していたが、両島へのルートの側面には日本の委任統治領があり、これらの諸島に日本海軍の前進基地がつくられれば、西部太平洋におけるアメリカ海軍の優位性は大きく損なわれるはずであった」（前掲『アメリカ海兵隊』）

もし太平洋で有事が発生し、日本が敵対する側に回った場合の脅威は深刻だった。フィリピン、グアムだけではなく、ハワイへの補給路が寸断され、これらの領土は太平洋戦争で南洋の島々の日本軍が被ったような「干乾し状態」に置かれる恐れがある。救援に向かうアメリカ艦隊に、南洋群島を不沈空母・艦船基地とする日本の海空軍が襲いかかる。

のちのアメリカ太平洋艦隊司令長官のチェスター・ニミッツは日本が統治する南洋群島を「太平洋に張られた巨大な熱帯ぐもの巣」と表現した。

南洋群島のなかではパラオが重要だった。米領フィリピンのダバオ、蘭領セレベスまで船で三日程度、航空機で数時間の近距離で、ニューギニア、ボルネオとの距離も同程度だった。戦略的には結節点であり、だからこそ日本はここに南洋庁を置いた。

このアメリカにとっての戦略的不利を好機と考えた軍人が海兵隊にいた。アール・H・エリス少佐である。彼は太平洋での戦争は日本が支配する島々を一つ一つ奪取していく戦いになると見通した。それは島への上陸作戦であり、海上兵力と陸上兵力が融合した「水陸両用作戦」となる。それを担える組織こそ海兵隊であるとエリスは主張した。水陸両用作戦のため艦砲射撃、航空機爆撃支援、水中破壊チーム、海岸設営隊などの必要を説いた。

海兵隊内には第一次世界大戦の成功体験により、陸軍のような大規模陸上戦闘を主任務とすべき、という意見もあった。陸軍なのか海軍なのかはっきりしなかった海兵隊に、水陸両用作戦という「背骨」を入れたのがエリスの戦略だった。

従来、各国の陸戦隊の主任務は海軍前進基地の防衛だったが、海兵隊をそれよりもはるかに積極的な「敵前進基地の奪取」を目的とする組織に変革すべし、というのがエリスの構想である。

世界軍事史のなかでもユニークな発想で、今日の海兵隊のような形態の軍隊を持ったのはアメリカだけである。その理論的基盤を作ったのがエリスであり、彼の着想を促したのが太平洋における日本のプレゼンスであった。

エリスは自身の構築した軍事戦略の情報収集のため、一九二一年八月に南洋群島の視察に旅立つ。オーストラリア、フィリピンなどを経て、翌年八月に横浜に上陸。このとき以前から患っていたアルコール中毒による腎炎を発症、海軍病院に入院した。

日本の官憲はエリスを警戒し監視していたという。彼はその目を逃れて南洋群島のパラオに渡った。だが、二三年五月一二日、異能の軍人エリスはこの地で死んだ。四三歳の若さだった。日本側による毒殺説もあるが、アルコール中毒が原因とみられる。

実は日本側には秘匿したいような軍事施設はなかった。この時期、日本の念頭にあったのは委任統治を順調に進め、一等国として認められることだった。国際的非難を浴びる軍事要塞化は行っていない。むしろ、その軍事的な弱さをアメリカに知られたくないため、エリスを監視していたともいわれている。

死の二年前、エリスは対日侵攻計画「ミクロネシア前進基地作戦行動」を書き上げていた。これが太平洋戦争における海兵隊の基本戦略（作戦計画712D）となる。そして彼の死の翌年、その戦略を採用した新しい対日作戦「オレンジ・プラン」が陸海軍統合会議で承認される。海兵隊の存在理由が南洋群島の奪取に求められたのである。海兵隊中興の祖は南洋群島で没したが、約二〇年後、その「息子たち」が彼の構想した戦略どおりに島々を奪い取ったのだった。

一九二二年にワシントン海軍軍縮条約が締結され、太平洋諸島での軍事施設の現状維持と新たな要塞、基地の建設を行わないことが決められた。しかし、日米はその後も互いを仮想敵国とし、戦略を練り続ける。

アメリカのオレンジ・プランは何度も改定された。エリスの島嶼奪取戦略が基盤となる前は、フィリピン、グアムの防衛に固執し、大艦隊で長駆太平洋を渡り日本艦隊と決戦する戦略で、兵站を軽視した非現実的な面があった。日本が南洋群島という「領土」を得て、対米戦へと傾斜していったのと同様に、アメリカもまた植民地フィリピン防衛のため日本との衝突を想定するようになった。

日本は一九〇七（明治四〇）年の帝国国防方針で初めてアメリカをロシアに次ぐ仮想敵国に設定する。ただし、「対露戦必勝を期す陸軍とことなり、アメリカは建艦予算を獲得するための『便宜的仮想敵』であり、意図と可能性を無視した『兵力整備標準国』であった」（波多野澄雄「日本海軍と南進政策の展開」『戦間期東南アジアの経済摩擦』）。

その後の日本海軍の対米作戦はエリスの戦略以前のオレンジ・プランに対応していた。

「一九二二年のワシントン海軍軍縮条約によって主力艦に、また一九三〇年のロンドン海軍軍縮条約によって補助艦に制約を加えられていたが、一九二〇年代から三〇年代にかけて日本海軍は精緻な対米戦略を練り上げていった」（等松春夫『日本帝国と委任統治』）

その中核思想が「漸減邀撃《ぜんげんようげき》作戦」だった。もし対米戦となれば、日本はアメリカ領のフィリピン、グアムを奪取する。領土奪還のためアメリカが差し向ける艦隊を西太平洋のどこかで待ち受け、艦隊決戦を行う。それまでに航空機や潜水艦で攻撃し、徐々にその戦力を削ぎ、戦力的に互角となってから主力艦隊同士の決戦に持ち込もうという戦略だ。

これは日露戦争の日本海海戦の成功体験に基づくもので、統帥権干犯問題に発展したロンドン海軍軍縮会議で海軍が「対米七割」にこだわったのも、この比率が漸減邀撃で勝利を得るラインと考えたからだった。

日露戦争後、決戦水域は沖縄諸島を前進基地に、小笠原諸島付近と想定されていた。第一次大戦後に南洋群島を獲得したことで、決戦水域は東へと移動し、一九三六年にマリアナ諸島周辺、四〇年にはマリアナより東方とされた。

オレンジ・プランと漸減邀撃作戦はコインの表裏のように符合していたのだが、エリスという天才戦略家の出現でズレが生じた。日本海軍は大艦巨砲主義から脱却できず、主力艦同士の決戦が勝敗を分けると考えていた。そのため、南洋群島の島々はあくまで航空機や艦船の進攻用基地であり、要塞化する発想が乏しかった。

一方、エリスの戦略は島の争奪であり、飛び石伝いに日本本土に迫るものだった。水陸両用作戦という革新的戦略で、海兵隊の目は陸（島）と海両方に向いていた。日本海軍の目は海上にしかなかった。委任統治の縛りにより島の要塞化を早くから行えなかったこともあるが、そもそも海軍はその重要性に気づいていなかった。そのギャップは太平洋戦争での戦いで日米の決定的な差となって現れる。

海軍による「海の生命線」というキャンペーン

話は日本の南洋群島委任統治開始間もないころに戻るが、一九二〇年、日米間に「ヤップ島問題」と呼ばれる紛争があった。ヤップはパラオの北東、グアムとフィリピンの中間点にある。ここに日本占領以前から海底電信の中継所があった。日本は占領直後にこの電信線を遮断した。アメリカはヤップを国際管理下に置くべきで、日本の委任統治領に含むべきではないと主張した。

日米は翌年から交渉を始め、二二年にヤップを日本の統治下と認める代わりにアメリカが電信線を自由に使用できるなどの妥協案で「ヤップ条約」が結ばれた。電信線の使用をめぐる紛争だが、内実はヤップの戦略的位置が要因の安全保障上のつばぜり合いである。

近現代史では忘れられた紛争だが、日米のきしみはここから始まっている。衝突へのマグマは地下で蓄積されていく。結果的に見ると、取るに足らない小さな島をめぐる対立が本震前の〝予震〟であったことは、現代の国際政治を見る上でも重要な教訓であろう。

日本の委任統治が始まって十数年間は日米が互いを仮想敵として軍事戦略を練りつつも、南洋群島に大きな荒波はなく穏やかに過ぎていった。一九三三（昭和八）年三月に転機が訪れる。満州事変をきっかけとした日本の国際連盟脱退宣言だ（正式の脱退発効は二年後の三五年三月）。

脱退宣言と同時に、日本国内では連盟から統治を委任されている南洋群島の受任国としての資格を失うのではないかという声が上がった。

この時期、にわかに「海の生命線」というスローガンが叫ばれ始めた。「海の生命線」は南洋群島の戦略的重要性を強調する言葉として以前から使われていたのだが、「守れ満蒙、帝国の生命線」に対抗する用語として海軍がキャンペーンを始めたのだ。

海軍省監修の映画『海の生命線　我が南洋群島』が全国で上映される。映画の大半は南洋に住む人々の生活、文化や動植物の紹介だが、最後に南洋群島の軍事的な重要性が語気を強めて語られる。

「もし仮にある外力がこれを握りしめたらどうなるか。海正面の守りは根底から揺るがなければならない。南洋の制海権は失われる。まさにわが帝国、国難にひんするのときであります」

『海の生命線　南洋群島の重要性』『海の生命線　我が南洋の姿』『海の生命線　南洋』といった書籍が相次いで出版された。藤山一郎が歌う『常夏の島（海の生命線）』も流行した。

太平洋の　青空に　紅映ゆる　日章旗
白いリーフに　踊る魚　渚なぎさに　鳥が啼く
裏南洋の　陽は静か

日本を南　海千里　島は一千　月の波
浮いて瞬く　島の灯を　綴じて護りの　生命線
裏南洋の　夜は静か

内地でヒットしたこの歌はサイパンなど南洋群島でもさかんに歌われたという。人々は自分たちが生命線の「防波堤」「捨て石」にされる運命だとは夢にも思っていなかった。

海軍省が発行した啓蒙冊子『海の生命線』（一九三三年）のなかで海軍大佐の武富邦茂は

次のように書いている。

「南洋群島が不幸敵に利用されたら、飛石伝いに敵は我本土に近寄るであろう。その時は西太平洋から帝国海軍の威力が失われるであろう。砦《とりで》が陥り壕《ほり》が埋められては本城は到底持ち耐えることが出来まい」

この不吉な予言は一一年後に現実になるのだが、これはまさにエリス少佐が練り上げたアメリカ海兵隊の戦略である。日本の海軍はアメリカが島伝いに攻めてくることがわかっていたのだ。しかし、大艦巨砲の海上決戦主義は改められず、太平洋戦争へ突入していった。

この冊子には「海の生命線」の主張が陸軍へのライバル心によって引き出されたことが透けて見える武富大佐の言がある。

「満州が北方陸正面に於ける国防第一線であるならば、南方海正面に於ては、南洋群島が国防第一線でなければならぬ」

国連脱退後に進んだ領土化

日本の国際連盟脱退後の南洋群島の帰趨だが、日本の統治はそのまま続けられた。国際連盟や欧米各国から強い反対もなかった。日本の統治が十数年続き、大量の移民により南洋群島の日本領土化が既成事実となっていたこともあるが、統治を委任する主権の所在に関して国際法の解釈が定まっていなかったことが大きい。

日本の新聞は受任国、つまり日本に主権があると報じていたが、これでは植民地そのものので「委任」の意味がない。国際連盟が主権者で、受任国に統治を委任したと考えるのが常識的ですっきりする。そうすると、連盟を脱退した日本は受任国資格を喪失したことになる。

国際連盟規約の受任国資格は「適切な先進国」としており、「連盟加盟国」と明記されていない。受任国が脱退した非加盟国でも問題ないという意見もあった。しかし、この言い分も苦しい。主流を占めたのが第一次大戦後のパリ講和会議における「主たる同盟および連合国」（PAAP）主権説であった。具体的には米、英、仏、伊、日の戦勝五大国のことだ。日本政府の公式見解もこれに沿ったもので、連盟脱退は委任統治の受任資格に何ら影響しないとしていた。

実は多数の委任統治領を支配下に置いていたイギリスの見解も日本と同じだった。突き詰めると、委任統治地域の主権は誰にあるかという問題になる。本来はそこに住む人々なのだが、「非文明」で「統治能力なし」とみなされ、先進国が「代わりに統治を買って出た」ことにしている。植民地主義による「併合」を糊塗《こと》する妥協の産物であるため、統治の既成事実を追認するしかないのだ。

地域住民の虐殺など、受任国の要件をよほど逸脱しない限り、日本の資格を奪うことは難しかった。実際問題として、一九三五（昭和一〇）年時点で島民人口を上回る五万人もの日本人移民が生活する南洋群島から日本の勢力を駆逐するのは戦争をしなければ不可能だった。連盟脱退後、日本は移民をさらに加速させ、邦人人口は四三（同一八）年にはほぼ倍の九万七〇〇〇人に増えている。

こうして、日本の国際連盟脱退後はむしろ南洋群島の領土化が進んだのだった。日本はPAAP主権説をとっていたため、脱退後も連盟に年間報告を送り続けた。委任統治の形式が継続したため、南洋群島でもあからさまな軍事施設建設は控えられた。ただ、海軍は有事の際は軍用に転用できるよう港湾施設の整備を進めた。

表面上は委任統治の建前が太平洋戦争終結まで続いたため、現代史では南洋群島は明確に日本の領土とは認識されない傾向にある。たとえば「沖縄戦が国内で住民を巻き込んだ唯一の地上戦」というようないい方をされる。

しかし、太平洋戦争期の南洋群島は島民人口の倍の日本人が居住していた。行政、司法、警察、経済、軍事などあらゆる面で日本の支配下にあり、朝鮮半島や台湾と同じ日本の領土＝植民地であった。住民を巻き込んだ最初の地上戦は一九四四（昭和一九）年六月からのサイパン戦であり、「沖縄戦に先駆ける」ものだったのだ。

一九三五（同一〇）年の国際連盟脱退発効、三六年のワシントン海軍軍縮条約失効、ロンドン海軍軍縮条約からの脱退など、三〇年代半ばは日本が国際秩序から離脱した時期だった。別のいい方をすれば世界からの孤立である。

海軍では国際秩序を重視する「条約派」が後退し、対外強硬派の「艦隊派」が主流を占めるようになった。ヨーロッパではナチス・ドイツ、ファシスト・イタリアが台頭し、南洋から世界の目が遠ざかっていた。海軍は満州ほか中国大陸に地歩を固める陸軍の「北進」に対抗するため、南進政策を模索し始める。

そのブレーン・トラストとなったのが、三五年七月に発足した「対南方研究会」（対南研）だった。対南研は軍令部次長を長として、軍令部と海軍省の二〇人の幕僚で構成されていた。「対南研は以後、日本海軍の政策形成に多大の影響力を持つこととなる」（前掲『日本帝国と委任統治』）

対南研は南洋群島を足場に、日本がオランダ領東インド（ほぼ現在のインドネシア）など東南アジアを勢力圏内に収めるべきと提言する。「燃料供給の慢性的な不安に悩む日本海軍にとってオランダ領東インドの石油資源は喉から手が出るほど欲しいものであった」（同）

東南アジアへの進出はオランダのみならず、英米との対立を招くことは必至で、対南研はそのことも承知であった。海軍が英米との衝突も辞さずの方向に傾斜していく要因に、少壮士官らに広がっていた親ドイツムードがあった。

国際連盟脱退、軍縮条約の失効で日本は英米アングロサクソン中心の世界秩序から離脱し、「新秩序」構築を求めていた。それはヴェルサイユ体制を打破し、欧州に新しいルールを築こうとしているドイツへの共鳴につながっていった。ドイツに親近感を持つ軍人は陸軍だけではなかったのだ。米内光政、山本五十六、井上成美ら英米との協調を説き、ドイツへの接近に反対する勢力は海軍では少数派だった。

ルーズベルトが唱えた太平洋諸島の中立化案

一九三六（昭和一一）年六月三日、帝国国防方針が改定され、イギリスが初めて仮想敵国とされた。二カ月後の八月七日、広田内閣は「国策の基準」を採択する。内容は陸軍の北進と海軍の南進の折衷案で、これにより南進政策が正式に国策となった。陸軍は対ソ、海軍は対米戦を想定して軍備の大幅な増強を政府に要求。同年暮れに決められた昭和一二年度予算案は歳出総額三〇億四〇〇〇万円のうち軍事費がほぼ半分の一四億円まで膨れ上がった。日本経済は軍需産業を中心とした戦時経済体制に転換する。

この時点で日米戦での陸海軍の基本戦略も立案されていた。海軍は緒戦で東洋のアメリカ艦隊を攻撃する。陸海共同でフィリピン、グアムの米軍基地を攻略。来寇する米艦隊を漸減邀撃作戦により殲滅する――。この戦略は前半までは太平洋戦争でそのまま実践された。

しかし、勝負を決める漸減邀撃作戦だけは実現できなかった。海兵隊の島嶼奪取戦術がその機会を消してしまったことと、航空機性能の進歩により、大艦巨砲の決戦は時代遅れとなっていたことが原因だ。漸減邀撃の「最終兵器」戦艦大和と武蔵が無用の長物となるのは必然だった。

「国策の基準」採択には東南アジア進出を熱望する海軍の強い意志が働いていた。太平洋戦争は海軍が推し進めた戦争である。戦後の東京裁判では、この国策の基準が太平洋における日本の戦争方針を固めた基本文書とされた。広田弘毅が文官でありながら死刑の判決を受けたのは、この責任を問われたためだ。

日米間の緊張が水面下で高まりつつあった三六年一一月、アメリカのルーズベルト大統領は太平洋諸島の中立化案を主唱した。太平洋諸島に権益を有する諸国の権利の相互尊重、不可侵などが検討されたが、最大の眼目は非軍事化だった。

この「太平洋協定」についてはアメリカ国内でも反対があった。日本が非武装区域にハワイを含めるよう要求してきた場合、国益を損なうという判断だった。日本側の反応は意外にも陸軍が好意的だった。

「陸軍は『満洲国』経営と華北への浸透を進めていたので、太平洋と南方の軍事的緊張が低下することが望ましかったのである。しかし南進政策を主張していた日本海軍は、このような協定の締結を望まなかった」（前掲『日本帝国と委任統治』）

太平洋協定をめぐる議論が停滞するなか、一九三七（昭和一二）年七月七日に盧溝橋事件が勃発。日中が本格的戦争に突入していくにつれ、英米の日本不信が強まり協定締結は頓挫してしまう。太平洋の波浪を静めるチャンスは失われた。海軍のハワイ真珠湾奇襲攻撃は四年後のことである。

「もし日中戦争が回避されていたならば〔略〕太平洋不可侵協定のような地域的合意に各国が同調する可能性は皆無ではなかったかもしれない。そして、このような協定が実現していれば、南洋群島の非軍事化規定はより厳格になり、日本が委任統治領を軍事利用することはさらに困難になっていたであろう」（同）

一九三九年九月一日、ドイツがポーランドに侵攻し第二次世界大戦が始まった。翌四〇年になるとドイツはノルウェー、フランスなどを攻略し欧州大陸を席捲する。ナチスはヴェルサイユ体制の打破を呼号し、第一次世界大戦で失った旧植民地の返還を要求していた。

ドイツが勝利した場合、南洋群島の返還を求めてくる可能性があり、海軍は動揺する。ヨーロッパでドイツ優勢が続くと、海軍はドイツと妥協する道を模索し始める。すでに大戦前、政府内ではドイツの満州国承認と引き換えに、南洋群島の主権がドイツにあることを認めた上で、いったんドイツに返還し、そのあと買収する案が検討されていた。日本は南洋群島という「ジョーカー」を手にしていたばかりに、「亡国のポーカー」へと引きずり込まれていく。

ドイツは旧植民地回復を主張していたものの、南洋群島に対する執着はあまりなかった。ドイツにとって南洋群島は経済的にも戦略的にも何の価値もなかった。南洋地域で関心があるとすれば、ニューギニアだった。

三六年の日独防共協定締結以降、両国は軍事同盟に向けて交渉を続けていた。しかし、米内光政海軍大臣ら英米協調派が上層部を占めていた時期には海軍が反対し、三九年八月の独ソ不可侵条約締結というドイツの「裏切り」によって頓挫した。

ドイツが快進撃を続けた四〇年、再び同盟締結論が盛り上がる。このとき海軍上層部から英米協調派は一掃されていた。そして、これまでの同盟交渉の過程でドイツは南洋群島の「価値」に気づく。日本を軍事同盟に引き込むためには、政策決定集団のなかの有力グループであり、同盟締結の障害になっていた海軍を揺さぶればよいのだ。

防衛大学校教授の等松春夫氏は「第二次大戦が始まった当初は英独が和解するのではないかという観測もあった。もし、英独が手を打つとしたら対ソ連を目的とした反共同盟。ありえないことでもない。和解した英独が旧ドイツ領奪取のため太平洋に出てくるかもしれないと海軍は考えた。ドイツの海軍はたいしたことはなかったが、イギリス海軍は脅威で、この同盟にアメリカがつく可能性もあった」という。

「生命線」から「導火線」に

一九四〇（昭和一五）年九月上旬、日独同盟締結交渉は大詰めに入り、東京で松岡洋右外相とドイツのスターマー特使の会談が行われた。松岡は南洋群島を無償で譲渡するよう要求した。スターマーは即答を避けた。

九月一三日、海軍は南洋群島譲渡の確約、同盟国が攻撃された場合の日本の自主的参戦決定の保証などを条件として三国同盟の締結に同意する。海軍は対米戦略「漸減邀撃作戦」のために南洋群島の軍事基地化を望んでいた。南洋群島の主権がドイツにあることを認め、譲渡された形になれば、委任統治の非軍事化規定から解放される。

南洋群島の譲渡について、ドイツは文書化を拒んだものの、口頭で了承した。日本側もこれを受け入れる。ドイツ側が文書化を拒んだのは、交渉にあたったスターマーと駐日大使のオットーが本国外務省に指示を仰がず、自主的判断で妥協を図ったためだった。

その後、同盟案を審議する枢密院で「南洋群島はパリ講和会議で『主たる同盟および連合国』（PAAP）によって日本に統治を委任されたのであって、ドイツに譲渡してもらう筋合いではない」という意見が出た。松岡外相は日本の東亜新秩序を守るためにはドイツを東アジアから遠ざける必要があり、「もし日独が協調しなければ、ドイツと英国が南太平洋に来ることは確実である」という論法で押し切った（前掲『日本帝国と委任統治』）。

九月二七日、日独伊三国同盟条約がベルリンで調印された。東京では南洋群島譲渡に関する書簡が密かに交換された。

「現在、日本帝国の委任統治下にある南洋の旧ドイツ植民地が日本の統治下に残ることにドイツ政府は同意する。これに対し、ドイツ政府はある種の補償を得る」

三国同盟締結により南洋群島は名実ともに日本の領土となったと解釈した海軍は、四〇年秋から本格的な飛行場、軍用港湾施設の建設を始める。ただし、これらはアメリカ艦隊を攻撃する航空機、艦艇の出撃基地であり、南洋群島を守るための要塞ではなかった。艦隊決戦に固執する海軍は、戦争が始まるまで太平洋の戦いが島の軍事基地（とくに飛行場）の争奪戦になると予想していなかった。

太平洋戦争が始まって以降も各島の要塞化は進まず、海軍陸戦隊が配置されただけだった。南洋群島を「縄張り」と考える海軍は、戦争が敗勢に向かった四三年半ばまで陸軍部隊の派遣を拒んだ。

現実の太平洋戦争は、南洋群島の脆弱な防備態勢では漸減邀撃作戦は成功しないと考えた山本五十六連合艦隊司令長官により戦術転換され、空母を中心とした機動部隊による航空機戦（真珠湾攻撃）から始まった。

しかし、等松氏は「山本といえども優勢な敵に対して勝利をおさめた日清・日露戦争という過去の限定戦争の経験を超えられず、米国の残存艦隊さえ殲滅すれば、日本に有利な講和条件で戦争を終結させられると考えていたと思われる」という。

国家総力戦だった第一次大戦の戦訓は真剣に拳々服膺《けんけんふくよう》されず、日本海軍はひと昔前の日露戦の感覚で戦争を始めたといわざるをえない。対して、アメリカがエリス少佐の戦略を基盤に作り上げたオレンジ・プランは、島伝いに日本本土に迫り、島国日本を海上封鎖する消耗戦・国家総力戦そのものだった。

等松氏は「海の生命線」南洋群島が招いた災厄を次のように分析している。

「米国は南洋群島における日本の軍事的な意図と準備を過大に評価し、日本もまた南洋群島に対する米国の野心を疑った。ハワイとフィリピンをつなぐ米国の連絡線を遮断する形で広がる南洋群島の地理的位置が、このような日米の相互不信を不可避なものにした」

「〔国際〕聯盟脱退後も日本を聯盟につなぎとめていた南洋群島は、逆にナチス・ドイツとの同盟の方向へ日本を動かす要素となっていった。〔三国同盟により『譲渡』された結果〕『日本領土』となった南洋群島を不沈空母に作り変える可能性は、対米戦争に勝てないまでも敗れないという幻想を日本に抱かせた」

海軍に限らず陸軍にもいえることだが、日本軍の対外戦略を眺めると、「飛車角守って王を取られ」「垣根の火が母屋を焼く」の感をぬぐえない。

日本の植民地政策の研究者である歴史学者マーク・ピーティーは「日本を海外帝国の建設に踏み切らせた要因の中で最も突出し、決定的であったのは、島国としての安全保障上の利益であったことが明らかである。島国ゆえに、その安全保障観には、敵対心に満ちた世界で自国は脆弱であるという意識が突出するのだ。近代植民地帝国の中で、これほどはっきりと戦略的な思考に導かれ、また当局者の間にこれほど慎重な考察と広範な見解の一致が見られた例はない」（『植民地――帝国50年の興亡』）と指摘する。

そして、「あまりにも帝国周辺の戦略的安全保障にとらわれたことが、最終的に帝国自体の崩壊をもたらした」と結論付けている。

防衛線をできるだけ本国より遠ざけたいという本能が他国との衝突を招き、「生命線」は国家を丸焼けにする「導火線」になってしまった。

第四章　楽園と死の美学

投降すれば「非国民」

あまたなる命の失せし崖の下海深くして青く澄みたり

いまはとて島果ての崖踏みけりしをみなの足裏《あうら》思へばかなし

サイパン島北端のマッピ岬。正式にはチャモロ語で「プンタンサバネタ」という。「マッピ（松尾）」は日本統治時代の地名だが、いまでもそう呼ばれている。切り立った崖の先には、島西岸のリゾートエリアのエメラルドグリーンとはまた違う紺青の海が広がっている。ガイドブックなどには「高さ約八〇メートルの断崖」と記されているが、実際はその半分ほどしかない。それでも、その縁に立つと足がすくむ。

一九四四（昭和一九）年七月、上陸したアメリカ軍に追い詰められ、一〇〇〇人以上の民間人がこの崖から身を投げた。投降すれば「非国民」の心理的脅迫があった。そして「鬼畜」のアメリカ軍の捕虜になれば「男は奴隷、女は強姦される」と教え込まれていた。軍人に対する訓戒だった「生きて虜囚の辱めを受けず」は、非戦闘員の老幼女子にも徹底された。

人々は「天皇陛下バンザイ！」「大日本帝国バンザイ！」と叫んで飛び降りたことから、アメリカ軍はこの断崖を「バンザイ・クリフ〔崖〕」と呼んだ。

これには異説もある。

死を決して飛び降りる際は、誰も「バンザイ」など叫ばず無言だった。空中に身を投げ

海からみた「バンザイ・クリフ」。崖の上には慰霊碑が立ち並ぶ（共同通信社）

た人々は両手両足を大きく広げて海に落ちていった。その姿がまるでバンザイをしているようだったのでそう呼ばれた、と。

どちらが真相かはわからない。日本の南洋群島統治三〇年の行き着いた先の、あまりにも無惨な結末を語るとき、どちらでもよいことかもしれない。

バンザイ・クリフはいまや観光コースの一つで、旧正月のころは日本人よりも中国、台湾、韓国からの観光客の姿が圧倒的に多い。ここには日本の政治団体などが建てた二〇以上の慰霊碑がある。それは「乱立」といえる風景で、死者を悼んでいるというよりも、組織の自己主張のように見える。

この〝にぎやかな〟雰囲気のなかで、乳飲み子を抱いて飛び込んだ母親、家族共々自決した人々の「そのとき」を想像するのは難しい。しかし、想像しなければならない。この人たちの悲劇を記憶し、語り継ぐことは同胞としての義務である。

冒頭の短歌は天皇陛下、次が皇后さまが詠んだものだ。両陛下は戦後六〇年の二〇〇五年六月に当地を訪れ、人々が身を投げた海に向かって深々と拝礼した。

日本が確かに支配し、絶対に死守すべしと命じられた大地を踏み蹴って宙に舞ったときの気持ちはいかばかりだったか。それを想像し、短歌という短い言葉に凝縮できる人は少ない。生と死を分かつ瞬間の足の裏の感覚にまで思いをめぐらせるのは、並大抵の共感力ではできない。

サイパン戦の凄惨さは凡庸な想像力ではわからないし、凡庸な言葉では伝えきれない。自決した人々の心を写した写真などはない。実際にその場を訪れても、美しい海と大地があるだけで、死の情景はみじんも感じられない。

ただ、その一端を視覚的に感じられる場所がある。それはサイパンでもテニアンでもなく、東京にある。

「お国のために美しく死ぬ」ことの賛美

東京都千代田区北の丸公園の東京国立近代美術館。常設展示室に藤田嗣治の戦争画『サイパン島同胞臣節を全うす』がある。

断崖絶壁から落下する女性、手を合わせ、いままさに飛び込もうとする女性、狂ったように両手を広げる女性――。

口に銃口をくわえ、足の指で引き金を引こうとしている男性、軍刀を杖にして立つ負傷兵、介錯をする男性、息絶え倒れる男女、赤ん坊に乳を与える母親と幼児たち――。

この絵を前にすると、まさに立ちすくむという表現があてまはる。一歩も動けず、絵に見入ってしまう。実際のバンザイ・クリフもかくや、と思わせる。実際はこれ以上の地獄であったろうが、群像画に描かれた幽鬼のような人々の姿に、そのときの恐怖、痛み、苦しみ、あきらめ、哀しみを少しだけでも感じられる気がする。

もちろん、藤田はその場にいたわけではない。サイパン玉砕を伝える新聞記事を読んで、情景を想像して描いたという。記事を読んだだけでこれほどの絵を描く想像力と技量に驚嘆する。

太平洋戦争期には軍の依頼により、多くの画家が戦意高揚プロパガンダのための「戦争記録画」を描いた。そのなかでも藤田の絵の迫真力は飛び抜けている。『サイパン島同胞臣節を全うす』の隣には同じく彼の有名な戦争画『アッツ島玉砕』も展示されている。

これらの戦争画を描いたことにより、藤田は戦後「戦争協力者」の批判を受けてパリに去ることになる。初めて『サイパン島同胞臣節を全うす』を見て以来、筆者はどうしてもこの絵が戦意高揚のプロパガンダには思えなかった。

アッツもサイパンも日本の負け戦である。題材は悲惨な玉砕と自決だ。それが陰鬱な、悲壮感いっぱいの筆致で描かれている。見た者の心は沈み、日本の敗勢を思い知らされるのではないか。これがどうして戦意高揚になるのか。

深読みして、この絵に反戦の意図があるという見方もあるが、美術史専門家の大方の意見は否定的だ。藤田は良くも悪くも絵の職人で、軍の要望に従い「忠良なる大日本帝国臣民」として、これらの絵を描いたにすぎないという。

そもそもこの絵は軍のお墨付きで公開されているのである。いま見ると戦争の悲惨さしか伝わってこないが、当時は別の目で見られていたのではないか。

長い間引っかかっていたが、サイパンを含む南洋の島々の玉砕を報じる当時の新聞記事を調べていて何となく合点がいった気がした。戦後、「大本営発表」は虚偽の代名詞となった。「撤退」を「転進」といいかえるなど、負けを勝ちと偽ってきた軍の監視のもとにある新聞が、玉砕の事実を包み隠さず報道しているのだ。

そこにあるのは敗北による意気阻喪を上回る「お国のために美しく死ぬ」ことの賛美である。実際の戦場に美しい死などないのだが、国民は観念的に美化された死に酔った状態ではなかったか。戦争の勝ち負けを通り越して「美しき死」が目的化していた。

そう考えなければ、藤田の絵が戦時に世に出た理由がわからない。南洋群島での玉砕・集団自決には、徹底した軍国教育、捕虜を許さない軍の教え、敵は残忍という宣伝、自立した判断を否定する付和雷同の空気、そして二章で述べた沖縄県人の疎外されたゆえのナショナリズムなど、様々な要因が考えられる。そして、この「死の美化」も加えなければならないと思う。

異常である。国家全体が集団発狂していたというほかない。日本人は政略、戦略、兵力、物量など近代以降の戦争の勝敗を分ける要素の枠外で戦っていたのではないか、とさえ思える。

異常な空気は国全体を包んでいて、敵という「発火物」に触れると連鎖爆発をするのは確実だった。南洋群島の人々はその最前列に立たされていて、最初の爆発に遭遇した。連鎖は沖縄に伝わり、本土で破裂する寸前に戦争が終わった。

もし、南洋群島が軍事的な意味のみの「防波堤」であったなら、軍隊の玉砕で済んだだろう（それでも悲惨であることは変わりない）。そこが生活の場であり、多くの人々にとってパラダイス＝楽園であったことが、よりいっそう悲劇的な結果を生んでしまった。

優遇措置と徴兵忌避

楽園——

南洋群島で暮らした経験のある人々は、ほぼ例外なくそういう。戦後の高度成長期終盤まで日本社会の底辺の暮らしは悲惨そのものだった。戦前はなおさらだ。南洋の社会のしがらみは、本土と比較すれば相当に緩やかで、はるばる移住してきた人々は自由と豊かさを享受していた。

一六歳の上原フミ子さんが母、姉とともに沖縄からサイパンに渡ったのは、太平洋戦争開戦直前の一九四一（昭和一六）年一二月初旬だった。父親と長男、長女が先に暮らしていた。早くに移住していた父に会うのは初めてだった。

「ヤシの実、マンゴ、シャシャプ、メロン、沖縄では見た事もない果物。ラウラウの海の美しさ。まさに夢のパラダイスでした」（『サイパン会誌想い出のサイパン』）

四〇（同一五）年、七歳でパラオに移住した田中順一さん（沖縄パラオ友の会代表）は「天国のような暮らしだった。衣食住がまったく困らない。いま考えても、いいところだったなあ、と思う」と話す。

南洋興発はサトウキビ栽培に慣れた沖縄県人を積極的に募集した。沖縄県人が続々とそれに応じた理由の一つに、南興が用意した優遇措置がある。

渡航費は前貸制になっており、貧しい農民でも海を渡れた。パスポートもビザも不要だ。福利厚生も充実していた。南興が営む病院の受診料は無料。社宅や附属の専修学校もある。商店での買い物の際は代金を支払わなくてもよく、あとで南興の給料から差し引かれる。

もう一つ、多くの成人男性を惹きつけたのは、徴兵の忌避である。南洋に渡れば徴兵検査を免れることができたからだ。

日本人移民の数がどんどん増えるにしたがって、サイパンは「南洋の東京」として殷賑《いんしん》をきわめた。中心街のガラパンは銀座と浅草を一緒にしたようなにぎわいだったという。

山田盟子『慰安婦たちの太平洋戦争』によると、日中戦争が始まったころのガラパンは次のような様子だった。

「商戸百六十戸、六軒道路十マイル、乗用車七十台、公会堂、常設映画館二ヵ所、支庁、郵便局、法務院、学校、農事試験所とそろっていた。商戸のなかにはパンパン屋が四十七戸、そして芸者は三十一人、酌婦は二百四十六人もいた」

現在のガラパンもサイパンの中心街だが、これほどのにぎわいはない。人々は日米両軍が激突する戦略上の最前線で生活していることに気づいていなかったし、知らされてもいなかった。戦雲は近づきつつあった。

ちなみに、南洋群島に送り込まれたのは国策移民だけではなく、「性用兵站」としての慰安婦たちもいた。サイパン、テニアン、グアム、トラック、パラオ等々、日本が支配する太平洋のあらゆる島には慰安所街があった。激戦地となるパラオのペリリュー島にさえ慰安所があった。こういう話がある。

「サイパンには大正三年（一九一四年）に軍艦『香取』の陸戦隊二百二十一人が無血上陸をしたさい、パンパンと手を叩いて女を呼んだ。パンパンは日本の水兵の相手をしたチャモロの女を指したが、そのうち日本人の娼婦が入りこむと、なべてパンパンと呼びならした」（前掲『慰安婦たちの太平洋戦争』）

日米の戦闘に巻き込まれて命を失った人々のなかに彼女たちがいたことは、南洋群島の語られざる歴史の一つである。

大本営による「転進」という造語

一九四一（昭和一六）年一二月八日のハワイ真珠湾攻撃で米太平洋艦隊に大打撃を与え、南方ではマレー、フィリピン、シンガポールで連戦連勝を重ねるなど、太平洋戦争初頭は日本軍にとっても予想外の大勝利となった。しかし、軍内の戦略は統一されていなかった。

陸軍の最優先事項は日中戦争の解決だった。そして陸軍にとっての最大の仮想敵ソ連を見すえた満州の防備が重視された。太平洋は海軍の「庭」であり、そこでの戦いは海軍が責任を持つべきという感覚だった。

その海軍も各部署が別の方向を見て戦争を進めていた。軍令部は占領したフィリピン、グアムなどの防備を固め、長期持久体制を構想していた。漸減邀撃作戦で葬るべき米太平洋艦隊は真珠湾で叩きつぶしたものの、アメリカの国力を考えると早晩艦隊を再編成して攻撃をしてくることは明らかであった。そのときこそ艦隊決戦で雌雄を決する。それまでじっくりと腰を据えて待つ構えだった。

だが、漸減邀撃の否定から戦争を始めた山本五十六率いる連合艦隊は、長期消耗戦は不利と見ていた。ハワイで撃ち漏らした米空母群を求めて積極的に攻勢に出てこれを殲滅し、戦争を短期で終わらせるべきと考えていた。米軍の侵攻に備えて南洋群島を要塞化する発想はまだ乏しかった。

そして四二（同一七）年六月のミッドウェー海戦で連合艦隊の積極攻勢策が裏目に出て、空母四隻が撃沈される大敗北を喫する。致命的だったのは航空機の熟練搭乗員多数を失ったことだ。搭乗員は一朝一夕では養成できない。海軍はこのダメージを戦争終結まで回復できなかった。

航空戦力の大幅ダウンにより、漸減邀撃作戦は絵に描いた餅となる。当面力点が置かれたのは、アメリカがフィリピンの奪還と日本本土への攻勢のための兵站基地とするオーストラリアとの連絡線を断つ「米豪遮断作戦」となる。

そのための前進航空基地がニューギニアの東方、ソロモン諸島のガダルカナル島に建設されることになった。四二年七月に設営隊が上陸し、飛行場整備を始めた。大本営はアメリカの反攻を四三年以降とみていたため、島には護衛の海軍陸戦隊を含めて六〇〇人程度しか配置しなかった。

アメリカはその裏をかいて、八月にガダルカナル島とツラギ島への上陸「ウォッチタワー作戦」を敢行してきた。日本のオーストラリア侵攻を阻止し、対日反攻の最初の足場とするためだった。アメリカ海兵隊の太平洋島嶼戦の初戦であり、強襲上陸の嚆矢《こうし》となる。エリス少佐の水陸両用ドクトリンが試されるときがきた。

結果は半年に及ぶ消耗戦の末、翌四三年二月に日本軍は撤退する。兵力の逐次投入という愚策と補給の失敗により、約二万人の戦死者のうち約一万五〇〇〇人が餓死だった。ガダルカナルは「餓島」といわれた。太平洋諸島での日本軍の末路のひな型であった。島からの撤退に際し、大本営は「転進」という言葉を造語する。

実際のガダルカナルの戦いでは海兵隊の水陸両用作戦はまだ本格的に試されたわけではなかった。しかし、この戦いの勝利は海兵隊にとって重要であった。それまでの快進撃で「不敗伝説」があった日本陸軍を打ち破った自信は大きかった。戦った第一海兵師団は「ここから海兵隊の新しい血統が生み出される」という意味でオールド・ブリード（古き血統）の称号を与えられた。その師団標識には「GUADALCANAL」の文字が刻まれた。

「絶対国防圏」から外れたマーシャル諸島

逆に日本軍は組織内の不統一が前線に悲劇をもたらした。ミッドウェーの大敗北は陸軍に正確に伝わっていなかった。ガダルカナルに兵を送り込んだ陸軍は、連合艦隊はまだ健在であり、連戦連勝は続いていると思っていた。このため敵をあなどり、過小評価した面がある。

いま太平洋戦史を知っているわれわれは、圧倒的兵力と物量で日本軍が守備する島々を陥落させていった海兵隊の勝利を当然視する。しかし、彼らの戦術は第一次大戦以降の戦訓から見ると常識はずれで無謀なものだった。

世界的に著名なイギリスの軍事史家リデル・ハートは、敵が待ち構える海岸への上陸は「戦争の作戦中、もっとも至難」と評している。

上陸部隊を乗せた輸送船は足が遅く、敵の艦船や航空部隊に容易に発見されやすい。そして島沿岸に到着できても、海岸の砲台や水際の陣地から狙い撃ちされる。さらに上陸用舟艇も足が遅く、海上には遮蔽物がない。守備側から見ると止まっている標的を撃つようなものだ。

第一次大戦で連合国がオスマン帝国のガリポリ半島（ダーダネルス海峡）で行った世界初の大規模上陸作戦が大失敗に終わったことから、「上陸作戦は不可能」という戦訓が定着していた。

この戦訓から導き出された守備側の戦術が「水際撃滅」である。太平洋島嶼戦でバンザイ突撃のあげく海岸に屍をさらした日本軍の戦いから、水際防御は非合理とみられがちだが、実は戦術的には理にかなっていた。

攻める側は全身を守備側にさらしながら海上の長距離をゆっくりと移動してくる上、水際では上陸した部隊とまだ海上にいる部隊に戦力が分断される。さらに上陸直後は混乱状態にある。守備側はここに力を集中して逐次上陸してくる敵を各個攻撃していけば、戦力が劣勢でも防御が破られることはない。

攻めるに至難の上陸作戦には「戦力三倍の原則」がある。攻撃側は守備側の三倍以上の戦力がなければ作戦を行っても失敗する。逆にいえば守備側は三分の一の戦力で戦えるということだ。

日本軍の「島嶼守備部隊戦闘教令（案）」は「主陣地の前縁は通常水際に選定」「前進渋滞し行動混乱しあるに乗じ、逆襲を敢行し敵を撃滅す」とある。日本軍が南洋群島の守備にある程度の自信をもっていたのは根拠なき虚勢ではなかった。アメリカ軍の想像を絶する巨大戦力が軍事の常識を超えていたのだ。

ガダルカナルを攻略後、アメリカ軍はソロモン諸島を北上するニミッツ軍とニューギニアをフィリピン方向に攻め上るマッカーサー軍の「二軸攻勢」をかける。この「左右からのパンチ」に、日本軍はみるみる消耗していく。

一九四三（昭和一八）年九月三〇日、守勢のなかで本土を防衛するための「絶対国防圏」

が設定される。南洋群島ではマーシャル諸島がこの外に置かれた。マーシャルはこの時点で「捨てられた」のだ。

絶対国防圏の範囲は陸海軍の妥協で決められたものの、その守備戦術は戦理から外れたものではなかった。海上で海軍がアメリカの主力艦隊を攻撃し、島嶼では陸軍が先の水際作戦で上陸部隊を撃滅する。日本側もある意味「水陸両用」の構えだった。

この戦いでは攻める側、守る側に勝つための絶対条件があった。制海制空権の確保だ。これを奪えば攻撃側は輸送艦船を襲われる危険性がなくなる。守備側は輸送路を絶たれ、兵力と物資の補給ができなくなり島で孤立する。とくに重要なのが第二次大戦で高度に発達した航空機戦力で、このつぶし合いが勝敗を決めた。

アメリカは各島の日本の航空基地を航空機戦力によって叩き続けて進攻した。上陸作戦を絶対的な制空権下で行うことが可能になり、事前の艦砲射撃と空母からの艦載機による爆撃で日本軍の水際陣地を徹底的に破壊した。水際撃滅の戦理は無効になってしまった。

海兵隊の本格的な水陸両用強行上陸作戦は一九四三年一一月、ギルバート諸島のタラワ、マキンから始まった。この作戦は「ガルバニック作戦」と名付けられた。

開戦初頭にイギリス領のギルバート諸島を攻略していた日本海軍は、いくつかの島に航空基地を設営、陸戦隊を配備した。アメリカ軍の攻撃時にタラワを防衛していたのは柴崎恵次司令官が指揮する第三根拠地隊など約四八〇〇人。うち飛行場設営隊が約二二〇〇人だったので、実質戦力は約二六〇〇人である。攻めるアメリカ軍の総兵力は約三万五〇〇〇人。

一一月一九日からタラワ、マキンで艦載機の猛烈な空爆と艦砲射撃が始まった。二一日、砲爆撃の援護のもと海兵隊が上陸を始める。守備隊のすさまじい猛射を浴びながら、海兵隊は肉弾突撃を続け、タラワでは戦死九九〇人を含む約三四〇〇人の死傷者が出た。海兵隊の白兵突撃は日本軍に劣らぬ「命知らず」のものだった。

三日間の戦闘で日本軍は全滅した。勝利したものの、海兵隊の損害は想定以上に甚大だった。事前の砲爆撃の命中率が低く、日本軍の水際陣地がほとんど破壊できなかったため、上陸用舟艇や兵が狙い撃ちされたのだ。

アメリカ国内ではあまりの死傷者の多さに軍に対し作戦批判の声が上がった。とくに敵前上陸時に約六六〇人もの死者を出したことが問題視された。

タラワの戦いを重要な教訓として、海兵隊の作戦は改良されていく。上陸前の砲爆撃量と期間を増やし、日本軍が守る島の形が変わるほど徹底的に破壊し尽くす。守る側から見れば「鉄の暴風雨」である。

アメリカ軍の攻撃が桁外れだったのは、上陸前艦砲射撃に見られるように、一つ一つの標的を狙うというよりも、地域全体に砲弾の網をかぶせ確率論的に敵を叩きつぶす発想だった。いわゆる絨毯爆撃である。

この思想は歩兵にも適用され、重火器と砲で弾幕を張り、その中に入り込んだ敵をなぎ倒していく。これを最終防護射撃という。夜襲と白兵突撃を得意とした日本軍は、高電圧の殺虫器に飛び込む虫のように弾幕の餌食になっていった。

アメリカ軍がタラワの教訓から導き出したもう一つの戦略は、無用な出血を避けるための「飛び石作戦」（フリントロック）だった。日本軍が守備するすべての島を攻略する必要はなく、戦略上の主要な島だけを攻撃し、あとは後方に置き去りにしていく。補給を絶たれた島は立ち枯れて無力化する。

結果的にこの作戦は成功する。太平洋諸島戦でアメリカ軍は八つの島を攻略、日本側は約一一万六〇〇〇人が玉砕したが、そのほか飛び越され置き去りにされた一七の島に一六万人の日本将兵がいた。戦わずして一六万人を無力化したことになる。このうち約四万人が飢餓などで死亡した。

「上陸作戦は守備側有利」

四四（昭和一九）年二月、南洋群島のマーシャル諸島攻略作戦が始まる。ギルバート諸島のタラワとの間にある日本軍が守備する島々を飛び越してルオット、クェゼリンに襲来。陸海の守備隊七〇〇〇人弱が玉砕した。

将棋の駒を一つ一つ奪うようにアメリカ軍は迫ってくる。次にマリアナを取られれば王手である。ここにいたって大本営は中国大陸の陸軍兵力の南方転用に踏み切る。同月、満州駐留の関東軍の精鋭、第二九師団にマリアナ派遣命令が下る。ただ、アメリカの進攻は同年一〇月以降と判断していた。また、海上での決戦地をトラック諸島またはパラオ方面とみていた。これらはことごとく誤っていた。

二月一七日、「日本の真珠湾」である海軍の南洋の拠点トラックは大空襲で壊滅的な打撃をこうむる。二三日にはマリアナ諸島全域がアメリカ機動部隊の艦載機の攻撃を受けた。日本軍はアメリカ軍の次の上陸目標をつかみかねていた。

六月一一日、マリアナの最大拠点であり、南洋群島の心臓部サイパンへの空襲が行われた。アメリカはパラオ、トラックなどを飛び越して、最大の急所への上陸を企図していた。大本営の予測より四カ月も早かった。

参謀本部作戦課長の服部卓四郎大佐は「マリアナ〔防衛〕は絶対確信がある」と東条英機参謀総長（首相と陸軍大臣も兼任）に報告していた。「上陸作戦は守備側有利」の古い戦訓をもとに判断していたのだろう。それを信じて東条参謀総長は「敵がサイパンに上陸すれば思う壺だ」と豪語していた。

サイパンでは同月一三日から猛烈な艦砲射撃が行われた。そして一五日早朝から上陸作戦が始まった。

総指揮を執ったのは第五艦隊の司令官スプルーアンス大将。空母一九、戦艦一二、巡洋艦一四など七七五隻。上陸部隊の第四海兵師団、陸軍第二七師団など約七万に海軍を合わせると計約一二万七五〇〇人の巨大戦力である。

日本側は陸軍第三一軍（司令官・小畑英良中将）、海軍中部太平洋方面艦隊（司令官・南雲忠一中将）合わせて約四万四〇〇〇人。

引き揚げも残るのも地獄

米軍の次の進攻目標はパラオ方面と判断していた陸軍の小畑司令官は、パラオ地区集団の作戦指導と激励のため参謀長を連れて五月二八日に同地に飛び立っていた。陸軍はいざ戦いというときに最高指揮官不在という大失態を犯していた。

そして、このとき、サイパンには日本の民間人約二万二〇〇〇人（朝鮮人を含む）、島民約四〇〇〇人がいたと推定されている。

アメリカ軍の来襲が必至となった情勢下、南洋群島では女性や子供、高齢者に本土引き揚げの命令が下り、四二年一二月から実施されていた。一二月八日付けの「邦人引揚ニ関スル件」に明記されている第一次の引き揚げ対象者は「病弱者」と「何ら労務に従事せざる者」、島内生産に比較的影響のない「所謂消費階級」とされていた。引き揚げは民間人の安全のためではなく、戦時の食糧確保、要するに口減らしが目的だった。戦闘の役に立たない者は足手まといの邪魔者であった。

一方で「島ノ防衛上真ニ必要ナルモノ」として、一六歳以上六〇歳未満の男子は引き揚げから除外された。民間人の男性は戦闘要員として島と運命をともにするよう命じられたのだ。

引き揚げは四四年一二月まで続けられたが、本土に引き揚げたのは約一万六三六八人にすぎなかった。約八四パーセントが女性と子供だった。引き揚げ者のうち、日本本土出身者が九四五三人、沖縄県出身が六一三六人だった（川島淳「戦時下南洋群島からの戦時引揚について」）。

男性が残留を命じられたにしても、南洋群島全体の邦人人口約一〇万人に比して引き揚げ者の数が少なすぎる。制空制海権をアメリカに握られた状況で海を渡るのはリスクが大きすぎたからだ。

南洋から本土をめざした引き揚げ船は一二六隻で、無事本土にたどり着いたのは一〇三隻。二三隻が米軍の魚雷攻撃などで撃沈されている。

撃沈された船はサイパンからの引き揚げ船が八隻でもっとも多かった。主な船は亜米利加丸（四四年三月六日、死者四九四人）、千代丸（同六月三日、同九七人）、白山丸（同六月四日、同二七七人）などがある。最大の犠牲は同年二月一七日にトラック島を出港した赤城丸で、アメリカ航空機の爆撃で沈没、五一一人が死亡している。

男性の残留は強制だったが、高齢者、女性、子供の引き揚げに関しては船の積載人数に限りがあるため選択の余地があった。夫と妻子が離ればなれになって家族が分断されるよりも島に残ることを選んだケースもある。長年南洋で築いた財産を捨てて帰国することを躊躇する人もいた。何よりも日本軍が安全を保証できない海の旅は恐怖だった。

引き揚げ船の二割近くが沈められており、多くの人が残ったほうが安全と判断したのも無理もなかった。引き揚げるのも地獄、残るのも地獄だったが、このあとのサイパン戦では民間人の半数近くが死亡している。結果としては引き揚げたほうが生き延びる確率は高かった。しかし、それほどの地獄が待っていようとは、サイパンの日本人は想像もできなかった。

民間人を乗せた引き揚げ船にこれだけ被害が出ているほどだから、増援部隊を乗せた軍用輸送船は激しく攻撃された。戦う前に多くの人命がむなしく消耗させられている。

サイパンの放棄を決定

四四年二月二九日、第二九師団の将兵を乗せた船団が台湾沖で米潜水艦の攻撃を受け、歩兵第一八連隊と師団司令部、師団戦車隊を乗せた崎戸丸が沈没。約三九〇〇人のうち約二二〇〇人が戦死・行方不明となり、一七二〇人だけが救助された。

船団は三月六日にサイパンに到着したのだが、兵士たちの姿を見て住民は愕然とした。生存者中五七〇人は重軽傷者で、ほかの兵士も裸同然だったのだ。武器はほとんど海中に沈んでいた。

サイパン戦直前には続々と陸軍の輸送船が到着するが、六月初旬には第四三師団の七隻の輸送船のうち五隻が撃沈されてしまう。六月七日にサイパンに着いた歩兵一一八連隊は連隊長以下約二〇〇〇人を失い、生存者の半数が重軽傷者だった。

戦闘にほとんど用をなさない「消費階級」が増えただけで、住民は暗澹たる気持ちになった。惨めな兵士たちは、いくぶんの嘲笑も込めて「はだか部隊」と呼ばれた。日本軍は戦う前に雑軍の様相を呈していた。

お粗末だったのは島の防備体制で、高度に機械化されたアメリカの巨大戦力を迎え撃てるような要塞築城はほとんど進んでいなかった。四四年二月に初めて空襲を受けてから、無防備であることを敵に知られるのを恐れ、各所に木製の模擬砲台、模擬機関砲陣地、模擬高射砲陣地が造られる始末だった。

アメリカの攻撃はタラワの教訓を生かし、上陸前の準備砲撃に三日、航空攻撃に四日を費やした。サイパン島を五つに区分して担当艦を決め、しらみつぶしに砲撃、水際陣地を徹底破壊した。

一五日早朝、弾幕攻撃の支援を受けた米軍上陸部隊は約一時間半で八〇〇〇人が上陸に成功する。堅固な要塞を築城していなかった守備隊は上陸したアメリカ軍に押され、繰り返す夜襲もすべて失敗。戦車隊も壊滅する。戦闘初日から一個大隊の全滅が相次ぎ、二四日には戦死者が約七五〇〇人に上った。軍と運命を共にせず米軍に保護された日本人も多く、二二日までに約二五〇〇人が収容された。皆「死ぬ前に水を腹一杯飲みたかった」といって投降してきた。

米軍サイパン上陸の報を受けた海軍は敵艦隊殲滅を期して「あ号作戦」を発令。小沢治三郎第一機動艦隊司令長官が指揮する空母九、戦艦五、巡洋艦一三、駆逐艦二八、艦載機四三〇機がマリアナ海域に向かった。

対してスプルーアンス米第五艦隊司令長官麾下の米艦隊は空母一五、戦艦七など一〇七隻の艦船、九五六機の艦載機を擁して待ち構えた。日本の二倍の戦力だ。

戦闘は六月一九、二〇日の二日間行われた。「マリアナ沖海戦」である。日本艦隊は戦艦の巨砲や航空機の航続距離の長さを生かして敵の射程外から攻撃する「アウトレンジ戦法」を試みるが、完全に裏目に出る。

航空消耗戦に引き込まれていた日本軍は搭乗員の養成が間に合わず、未熟練者を実戦に投入せざるをえなかった。目標物が何もない海上を長駆、敵艦隊まで飛行する間に多くの艦載機が方向を見失い墜落。そして敵艦隊に遭遇しても砲弾に装備された新兵器の近接信管（VT信管）によりバタバタと撃墜された。VT信管は砲弾が命中しなくても、目標物を近くで感知し破裂させて一定範囲内の航空機を撃墜する。米軍の「弾幕思想」が生み出した兵器の一つだった。米軍はこの撃墜戦を「マリアナの七面鳥撃ち」と呼んだ。

日本側は空母三隻沈没、艦載機三九五機、基地航空機四〇機を失う大惨敗を喫した。二二日、あ号作戦は終了する。「連合艦隊が救援に来る」を合い言葉にして耐えていたサイパン軍民のはかない希望は消えた。

日本軍は司令部ともども、島中央のタッポーチョ山から島北部へと追い詰められていく。タッポーチョ山東側の洞窟「ドンニイ野戦病院」では敵中に取り残された重傷者など約二〇〇〇人が命令により自決した。

二四日、大本営は早くもサイパンの放棄を決定した。大本営陸軍部戦争指導班『機密戦争日誌』は書く。

「帝国ハ『サイパン』島ヲ放棄スルコト、ナレリ。来月上旬中ニハ『サイパン』守備隊ハ玉砕スベシ、最早希望アル戦争指導ハ遂行シ得ス、残ルハ一億玉砕ニ依ル敵ノ戦意放棄ヲ俟ツアルノミ」

戦争指導の中枢にいる軍人がサイパン陥落時点で今後の戦争は望みなしだという。そして国民が死に続けて相手がうんざりして戦争を止めるのに期待するしかないとまでいう。このような無責任な軍人たちが戦争を計画していたのだ。『機密戦争日誌』に二万余の民間人の安否を気遣う記述はいっさいない。

日本人は守備軍もろとも死ね（玉砕スベシ）と命じた軍人が内心「もうだめだ」と慨嘆しているとき、サイパン島の住民たちは有史以来日本人が経験したことのない地獄のなかにいた。繰り返すが、サイパンの戦いこそ住民を巻き込んだ最初の地上戦である。

「前にも行けず、後にも退けない状態で、前後から米軍の攻撃を受ける。もう最期だと、お互いに言葉をかけ合って、我々は大東亜戦争の人柱となるんだと励まし合っていた。最後は海に飛び込んで死のうと――」

「兄が持っていた手榴弾で七人が自決する事になりました。〔略〕しかし、母と私だけは死なずにいたのです。兄は即死、二つ上の姉は両足を砕かれて地獄の苦しみが二十分位続いていたでしょう。今でもあの姉さんの『お母さん、殺して』という悲痛な声を忘れる事ができません。〔略〕肉親らの死体と朝晩、寝起きを共に一カ月を過ごしたのです。〔略〕太陽に照らされ、雨に打たれてくちる時の強烈な死臭には、母と私は言葉を交わす事もできませんでした」

「薄暗い谷間も多勢の兵隊や民間人でごった返す。傷病兵は岩陰や木の下に横たわっている。治療も受けないので傷口からうじ虫が湧いている兵隊、又、傷口の破片を取ってくれと、軍医にお願いするが聞き入れてもらえず、苦しんでいる兵隊等と様々であった」

「砲撃が一木一草も残さない程の徹底したもので、海岸線から、次第に山手に向けて、等間隔で、しかも、南北の平行線上に撃ちこんでいると言う。〔略〕昨日〔ある一家が〕いたはずの木の下には誰もいなかった。そんなはずはないと近づいておどろいた。直撃だった。木の根元には、大きな穴があいていた。〔略〕そこら中に肉のかたまりが飛び散り、木の幹や枝等にもくっ付いていた」

「子供達は壕の中の暑さに水を欲しがって泣き止まない。兵隊はますますすごい剣幕で怒鳴る。母親は仕方なく子供の口を手でおさえて窒息させる。どうしても自分の手ではできない母親は、近くの海へ流して来て、身も世もなく泣きくずれていた。その様子をおびえながら見ていた五才の妹は、『お母さん私を殺さないで』とふるえていた」（以上、前掲

（『サイパン会誌』より）

病院とは名ばかりの洞窟

従軍看護婦としてサイパンの修羅場を生き抜いた菅野静子さんの目撃談を引用する（『戦火と死の島に生きる』）。

「何千人というおびただしい負傷兵たち――。ざっと見て二千人はいる……。〔略〕どの患者も血と泥にまみれて、うめいている。もし地獄というものがあるとすれば、きっと、こんなところにちがいないとわたしは思った」

腐敗した死体と血の臭い、ウジ、そして水を求めるうめき声。地獄のなかで彼女は気丈に治療を続ける。

「『兵隊さん、治療をしましょうね。』〔略〕ピンセットでウジをひとつひとつつまみ、そばにあったあきかんの中に入れた。／右の眼球が、えぐりとられて空洞になっている。その空洞いっぱいにウジだ」

「『看護婦さん、水ください…』という声がわたしをとりまいた。しかし、わたしにはどうすることもできない〔略〕水……水……水。明けても暮れても水……水が、このすり鉢の世界のすべてのようだった」

死が迫った兵士にわずかな水を与えると、皆ゴクンとのどを鳴らして飲み込み、次の瞬間には死んでいた。

岩陰で休んでいた四人の衛生兵を砲弾が直撃し、手、足、首が散り散りになった。「そのひとつひとつをあつめてよせてみたが、どれも満足な一体にはならなかった」

サイパン島の洞窟から出て降伏する日本兵（毎日新聞社）

部隊は動けない負傷兵を置いて移動する。一人一人に自決用の手榴弾が渡されている。

「バーン、バーン……と手榴弾の炸裂する音が、すり鉢の中のあちこちでおこった。同時に、わが子の名を呼ぶ声、『おかあさん、さようならーっ。』と叫ぶ声……それが炸裂音にまじっていっせいにおこった」

タッポーチョ山は標高五〇〇メートル弱しかないが、小豆島ほどの大きさの島全体を見渡せる。頂上からの眺めは絶景だ。アメリカ軍が上陸したオレアイ海岸はエメラルドグリーンの海が美しく、海兵隊の事前集積船を除けばリゾートそのものの風景だ。山を囲む緑も目に鮮やかで、かつてこの島が血と死臭に包まれた地獄だったと想像もできない。

しかし、山を少し下ってジャングルの中に分け入ると、地獄の痕跡がいたるところに残っている。菅野静子さんとともに負傷した兵士らが収容されていたドンニィ野戦病院跡がある。病院とは名ばかりの薄暗い洞窟だ。ここが「病院」になったのは、近くに水場があったためだ。

日本人観光客を相手の慰霊ツアーを実施しているガイドは「野戦病院の存在をツアーに参加して初めて知った人もいる。若い人は野戦病院と聞いて何か建物の痕跡があると思っていた人も多い。何もない洞窟を見て愕然とする人がいる」と話す。

洞窟内には慰霊に訪れた人が供えた千羽鶴、卒塔婆などがある。洞窟の壁は黒く焦げている。進軍してきたアメリカ軍が洞窟内の腐敗した遺体などを火炎放射器で焼き払って行った痕だという。この近くではいまでもときどき人骨が見つかるらしい。

傷ついた兵士、住民らはここからジャングルを北へと逃げて行った。山中は砲爆撃を避けることができたからだ。野戦病院は島北部の「極楽谷」に移動する。やはり山中の洞窟だ。錆びた鉄カブトなどまだ残存物がある。ここにも多くの千羽鶴、卒塔婆が供えられている。

アメリカ人が見た日本人の「奇妙な儀式」

米軍上陸から二一日目の七月五日の夕、司令部から「地獄谷」に集結せよとの通達が各部隊に出された。地獄谷は極楽谷から少し北にある。司令部最後の場所である。万策尽きた司令部は前日、大本営に決別電を発していた。集結通達は集められるだけの兵を集めて、最後の総攻撃を敢行するためだった。

玉砕を覚悟した軍に民間人保護の配慮も発想もない。見捨てられた人々は島北端に向かって絶望的な逃避行を続ける。行き止まりであるバンザイ・クリフにたどり着く前に、目もくらむ絶壁がある。スーサイド・クリフ（自殺の崖）だ。マッピ山北側の一五〇メートルを超える切り立った垂直の崖である。

ここからも数百人が大地を踏み蹴ったといわれている。投身者の数が多いので、あとから飛び降りた人が先に落ちた人の死体の上に落ちたおかげで生きのびた例もある。投身せずとも手榴弾などで自決した人も数多い。

一三歳だった上運天賢盛さん（那覇市在住）はここで見た地獄の情景を次のように話す。

「上が四歳くらい、下がよちよち歩きくらいの孫三名連れたおばあちゃんが出てきて、このおばあちゃんがカマを取りだしてきて、孫の首を全部、次からどんどん切って全部崖に突き落として行くんですよ。〔略〕このおばあちゃんも自分の首にカマをあてて（崖に）飛び込んで行ったんです」

これら恐ろしい情景は戦後しばらく語られることが少なかったのだという。

一五歳だった横田チヨ子さん（宜野湾市在住）は「この集団自決の話、それまでは、全然誰にも何にも、この話をしたことはないです。〔略〕今言っておかないと。あの状況というのはどんなに説明しても分かるはずないですよ。あれ、体験した人じゃないと」という。

「この、なんていうの、殺せ、殺せーっとか。それがやりきれなかった。〔略〕結局、親としては、その他人に殺させるよりはって、自分でやった人もいるでしょうし。（崖の）上から放り出して、自分も（崖などから）飛ぶつもりだけど、子どもを放り出して、（自分は）死ねない人もいたし。〔略〕自分で、その、（身内を）やった人。なんていうの、子どもとか、兄弟をやった人、たくさんいると思いますよ。これはもう、言えないだけであって」（沖縄県平和祈念資料館「戦争体験証言映像」より）

アメリカ人たちは理解不能な日本人の〝凶行〟を目撃して戦慄した。従軍記者ロバート・シャーロッドは次のように書いている。

「父親たちは、自分たちの子供たちを、断崖の上から海中へ投げおとしていた。七歳ぐらいの子供たちは、手投げ弾を投げつけていた。そして、一部の家族は、両親と子供たちとがひとかたまりにかたく身をよせあって、手投げ弾のピンを引きぬき、全員が一家自滅の死の祭典をいとなんでいたのであった」（『サイパン』）

シャーロッドは海兵隊の軍曹から、断崖下の岩のくぼみに首のない子供の死体がたくさんあること、親たちが自らわが子の首を切り落として海中に投身自殺を図ったという話を聞く。そして日本人の「奇妙な儀式」を目撃する。

「断崖の上から見つめている海兵隊にむかっておじぎをした、岩の上にいた百名ばかりの日本人の一団だった。彼らはそのあとで、各自の衣服をぬぎ、裸になって海中につかった。そして、全身を清めてから、新しい衣服を着て、平らな岩の上に大きな日章旗をひろげた。ついで指揮役の男が、手投げ弾を一個ずつくばった。そして一人ひとりその手投げ弾のピンを引きぬいて腹におしあて、これらの日本人たちは爆死をとげたのである」

海兵隊員たちは日本の将校が日本刀で部下たちの首を次々と切り落とし、それが海中に転がり落ちる光景も目にした。バンザイ・クリフ下の波間には、兵士たちの死体とともに、幼子とその親たちの死体が数百も漂っていた。

シャーロッドは「このような日本人の自決は、すべて何を意味するものだったろうか？」と自問する。捕虜になれば「鬼畜のアメリカ人に拷問される」と軍民ともにかたく信じていて、「それよりはひと思いに殺してもらいたいと望んだのであろう」という。しかし、それだけではないと彼は考える。

「多くの日本人のあいだには、あらゆることにかかわりなく、死のうとする強烈な推進力があるように思われた」

シャーロッドは日本人の「死を美化する精神構造」を感じ取っていた。この悪夢の光景を見て「サイパン島戦こそ、あらゆる戦争のなかで、もっとも激烈で残忍なものであった」と吐露する。

サイパン戦死者の六割が沖縄県出身者

サイパン戦は七月七日、生き残った陸海軍約三〇〇〇人による西海岸のマタンシャからガラパンに向けた絶望的なバンザイ突撃で組織的戦闘が終結した。前日六日、海軍の南雲司令官が発した玉砕命令文には「生きて虜囚の辱めを受けず」の戦陣訓とともに、「身を以て太平洋の防波堤たらん、敵を索《もと》め進発す、我に続け」の言葉がある。

戦闘時の司令官の権限は絶大である。この命令は兵士だけではなく、日本人すべてに発せられたと受けとめられた。そもそも非戦闘員に捕虜の概念をあてはめるのは筋違いで、最初から保護されるべき対象であり、国際法もそう定めている。それを無視して老人や女性、幼児にまで死を強要している。

さらに「我に続け」といいながら、南雲以下の司令部は玉砕命令を発したあと、地獄谷で全員自決している。せめて幼い子供たちだけでも、生きる手立てを考える人間性はなかったのか。

人間性という点で、日本兵とアメリカ兵の対照的な逸話が数多く語られている。

「『この山には、スパイが入り込んでいる、敵と通じ、民間人をだますために水や食糧を運んでくる者がいるから注意せよ、決して捕虜になるな、捕虜になるくらいなら自決せよ』と言う軍命令が伝えられていた。又山を出ていく者は後ろから友軍に撃ち殺されると言う噂も流れていた。一人の朝鮮人がスパイと言うことで兵隊に捕まった。見せしめのためだったのだろう。近くにいた避難民が呼び集められ、皆んなの見守る中で銃殺された。大きな木に後手でしばられた。私はスパイではありません。ゆるしてくださいと、必死にたのんでいたが聞き入れられなかった。最後に朝鮮人は、私も立派な日本人です、死ぬ前に天皇陛下万才を三唱させてほしいと申し出た、そのことは許されたが、万才が終ると同時に容赦なく撃ち殺された。この時から日本兵は避難民から怖がられた。できるだけ兵隊をさけるようになっていた」（前掲『サイパン会誌』）

当時一五歳だった大城伊佐子さんは「途中、アメリカ兵に追われ、私たちの前を歩いていた日本軍から『あんたたちは島民か、カナカか、チャモロか、朝鮮か』と聞かれ『沖縄』っていったら『三等国民か』と言われた」と証言する。

マッピ山まで逃げた大城さんは空腹と喉の渇きに耐え切れず、「水を腹いっぱい飲んでから死のう」と決意して姉弟とともに米軍に投降した。投降しようとした人が日本軍に撃たれたのを見ていたので、友軍に撃たれないように這って出て行った。

「捕虜になった私たちにアメリカ兵は水やチョコレートをくれた。これを飲ませて殺すだろうと思いながらいっきに水を飲み干したが大丈夫だった。また、弟たちには熱いミルクをコップに分けて飲ませてくれ、肩を叩きながら落ち着かせようとしていた」(前掲「戦争体験証言映像」より)

従軍看護婦の菅野静子さんはアメリカ軍の捕虜になった。鬼畜と信じていたアメリカ兵の思いもよらぬ人間性に触れることになる。

菅野さんはアメリカ軍のトラックに乗せられて移動中、断崖下の波打ち際にたくさんの死体が浮かんでいるのを目撃する。子供の死体が多く、背中と胸に子供を縛り付けた年配女性の死体もあった。死に慣れてしまったのか、菅野さんはこの光景に涙も流れず呆然としていた。

「『日本の人は、なぜ、こんなに死ぬのでしょうね。かわいそうに……』わたしが涙も出さないのに、そのアメリカの将校も黒人兵も涙を流している。わたしは、ただ、うつろな心でながめていた」

捕虜になっても「絶対に日本は負けない」と信じ、心を閉ざしていた菅野さんの心は、傷ついた日本人の手当てをし、食事を与えるなど人間的な姿勢を示すアメリカ兵と接するにしたがって変化していく。

「ただわたしにわかったことは、敵であるはずのアメリカ人が、ちっともおそろしい人間ではないことであった」

「〔海に浮かぶ死体を見て〕わたしが涙も出さないのに、あの人は、男のくせに、そして軍人のくせに、涙を流していた。敵の死体だというのに――」（前掲『戦火と死の島に生きる』）

日本の敗北は、兵器の性能、戦術や物量、国力の差だけが要因だったのではあるまい。

サイパン戦の戦死者は日本軍四万一二四四人（戦死率約九五パーセント）、米軍三四四一人（同約五パーセント）。

民間人の死者については資料によりばらつきがあるが、日本人（朝鮮人を含む）約一万人から一万二〇〇〇人、島民は約四〇〇人から六〇〇人といわれている。サイパンの日本人の人口は二万数千人、島民は四〇〇〇人弱だったので、日本人の半数、島民の一割超が死亡したことになる。日本人の死者の六割以上が沖縄県出身者だった。

サイパンの戦いが終結したあとの七月二四日、米軍はサイパン島から南西約四キロのテニアン島に上陸を始めた。テニアン島には陸海軍約八一〇〇人、民間人は朝鮮人労働者約二七〇〇人を含む約一万五〇〇〇人がいた。一六歳から四五歳までの民間人男子三五〇〇人が義勇隊として組織されていた。

攻める米軍の戦力は約四万二〇〇〇人。テニアンはサイパンと違って平坦な島で逃げ隠れする場所が少ない。降り注いだ砲弾は約二〇万発。日本兵一人あたり二五発にもなる。三〇日、守備隊は一五〇〇人にまで減り、島南端に追い詰められた。そして三一日夜、最後の夜襲を仕掛け玉砕した。米軍は八月一日にテニアン占領を宣言する。

テニアンの南端カロリナス岬は直角に海へつながる断崖で、「テニアンのスーサイド・クリフ」または「バンザイ・クリフ」と呼ばれている。サイパンとまったく同じく、住民らが両手を広げて海に身を投じた。家族同士の凄惨な集団自決も同様である。

日本軍の戦死者は約八〇〇〇人(戦死率九八・六パーセント)、米軍は約三九〇人(同〇・九パーセント)。もはや戦闘と呼べる拮抗したものではなく、日本軍は踏みつぶされたといえるだろう。民間人は約三五〇〇人が死亡した。

戦う前に戦力を消耗

絶対国防圏の要衝であるマリアナ諸島を失った時点で太平洋戦争の帰趨は決した。日本は飛車角金銀をもぎ取られ、王＝本土が丸裸になったに等しかった。あとは詰め将棋である。

そして、海軍の漸減邀撃作戦が海兵隊の水陸両用作戦に敗れ去った戦いでもあった。両者の戦略でもっとも重要だったのが制空権であった。太平洋の戦いは航空撃滅戦だった。日米の戦いが日本の惨敗に終わったのは、海軍が艦隊決戦に固執し、太平洋島嶼戦の本質が航空基地争奪戦である認識が薄かったためだ。

太平洋戦争の天王山であったマリアナの戦いを軍事的観点から分析してみる（澤田保「基地航空部隊はなぜ決戦前に敗れ去ったのか」参照）。

「あ号作戦」の計画では、各島嶼部の基地航空戦力は一七五〇機（偵察機一三六機、戦闘機七二〇機、攻撃機七三〇機、その他一六四機）の予定だったが、実際の戦い前には約五〇〇機しかなかった。

これ以上に問題だったのが、搭乗員の練度だった。ミッドウェーで多数の熟練者を失った後も米軍との消耗戦に引き込まれたため、次々と搭乗員を失って行った。補充されたのは短期の訓練を受けただけの未熟な搭乗員が多く、基地間の移動で墜落、行方不明などの事故が頻発した。戦う前に戦力を消耗してしまったのだ。

各島の航空基地も開戦しばらくは航空撃滅戦の認識に乏しかったため、米軍の反攻が始まるまで防御態勢など十分な施設整備が進まず、きわめて脆弱だった。

澤田氏は漸減邀撃作戦では補助兵力であった航空兵力が、日中戦争、太平洋戦争開戦後のいくつかの戦闘を経て、その重要度を増していったにもかかわらず、「その都度生かすべき教訓・戦訓が攻勢期間の予想以上の戦果に酔って必ずしも十分に検討・反省されていなかった。そして、守勢作戦に入り深刻な状況に陥った時には戦訓を生かすには時既に遅く、これを活用できなかった」と述べている。

戦略の欠陥を具体的に挙げると、まず太平洋での航空戦が長期の持久戦になるという認識がなく、常に一発勝負の艦隊決戦を志向したことで、先に述べたように基地航空戦力の充実を怠ったことがある。

また、消耗戦となったため、国力の差で航空機生産量に決定的な差をつけられた。広い太平洋の各島へ劣勢な航空戦力を分散配置せざるを得ず、はるかに優勢な戦力を集中できる米機動部隊に各個撃破されてしまった。

澤田氏は見逃すことのできない問題として、航空機の種類の多さを挙げている。一九四二（昭和一七）年時点で日本軍の航空機は四〇種類だったが、四四年四月に四八種類、一一月には七八種類と急増。発動機は四二年一二月時点で空冷四六、水冷六の計五二種類にも及んでいた。

性能を上げようと改良を重ねた結果の多品種化だった。このため機種間の部品の互換性がほとんどなくなり、供給が複雑化し、困難になった。ただでさえ不足していた補給品が迅速に届けられず、戦闘に間に合わずに倉庫に眠っていたケースもあったという。

そして搭乗員の養成失敗は常時要員不足の状態を招いた。「第一線基地航空部隊では長期間にわたって連日間断なき航空戦を実施する状況」なので、搭乗員の組数は配備機数の二―三倍は必要とされた。しかし、海軍は一発勝負の艦隊決戦思想が強すぎ、この基準の搭乗員数を配置することを怠った。「このため艦隊決戦とは著しく様相を異にする戦いの中で基地航空部隊の航空要員は常に不足する状況であった」（前掲「基地航空部隊はなぜ決戦前に敗れ去ったのか」）

漸減邀撃、艦隊決戦思想は海軍内で長年練られ続けたため、海軍軍人のなかでドグマ化され、航空機技術の急速な発達に目を向け研究することを妨げてしまった。日本の機動部隊により真珠湾で大打撃を受け、航空戦力の威力に気づいて戦術転換を図った米海軍との違いである。

「航空戦力の特色は、航空機の量はもちろん重要であるが、搭乗員の質と技量、機材の優劣、部隊訓練の精粗も勝敗を決定付ける大きな要因であり、消耗が激しい上に短期間に新機種に更新する必要があるため、十分な補充力、補給力及び技術力を必要とする。また搭乗員の養成には長期間を要し、補給力は基本的に国の生産力で決定する。まさに国力そのものを表すと言える」（同）

「島もろともの特攻」

マリアナ諸島が米軍の手に渡り、日本本土はB29の往復航続距離内に入った。一九三三（昭和八）年に海軍の冊子『海の生命線』で武富邦茂大佐が予言したように、米軍は飛び石伝いに日本本土の砦を打ち壊し、堀を埋めたのだ。

このあと小笠原諸島に進攻し日本本土に迫る案もあったが、大胆すぎるとして斥けられた。海軍のニミッツはフィリピン―台湾―沖縄の進攻ルートを主張。ニューギニアから進む陸軍のマッカーサーはフィリピン南西のモロタイ島―ミンダナオ島―レイテ島のルートを構想していた。さらに海軍のキング作戦部長がフィリピンを迂回して台湾侵攻を提唱したため、米軍の戦争指導は一時混乱する。

結局、ルーズベルト大統領の決断で、アメリカ陸海軍の「両腕」がフィリピンを目指すことになった。北進していた海軍の進攻ルートはフィリピンへ向け西に向かうことになる。マリアナ攻略により、B29という「香車」で王手をかけた米軍は、南洋での島嶼戦をこれ以上行う必要はなくなったのだが、海軍の西進により事態が変化した。

パラオ諸島は米海軍北進ルートの最先端であるマリアナ諸島の南方にあり、飛び石戦略上は後方に捨て置かれ、戦わずして無力化されるはずだった。しかし、ニミッツはフィリピンに向かう艦隊がパラオに「脇腹」を見せながら航行することを懸念していた。パラオのペリリュー島に日本軍の巨大な航空基地があり、ここから飛来した航空機の攻撃に艦隊がさらされるかもしれない――。

フィリピン攻撃の艦隊を指揮するハルゼーはパラオの日本軍航空戦力は米機動部隊による空爆で壊滅し、脅威はないとして迂回を進言していた。だが、ニミッツはペリリュー島の飛行場を奪取し、アンガウル島に新たな飛行場を建設すれば、レイテ作戦の航空支援に使えるとして、攻略作戦決行を指示した。こうして、南洋群島にもう一つ地獄が加えられることになった。

一九四四（昭和一九）年二月一〇日、満州に駐屯する第一四師団に転進命令が下った。同師団は歩兵第二連隊（水戸）、第一五連隊（高崎）、第五九連隊（宇都宮）の三つの連隊が基幹だった。二〇歳から二三歳までの現役兵で構成する関東軍の最精鋭である。南方に転用された関東軍の第一陣でもあった。

三月一〇日、演習名目で各駐屯地を出発したが、兵たちは行き先を知らされていなかった。極寒の地から灼熱の島へ。引き返すことができない玉砕への旅であった。

貨車で大連港まで運ばれた兵は輸送船に乗せられ、三月二八日に南へと向かった。総兵力は約一万二〇〇〇人。船団は四月初めに横浜に入港。しかし、一度も下船を許されずに出港する。転進命令が下った時点の目的地はニューギニアだったが、途中でマリアナに変更。さらにパラオへと行き先が変わった。

第一四師団がパラオ諸島のマラカル島に到着したのは四月二四日だった。南洋群島の中心地パラオには民間の日本人約二万五〇〇〇人、朝鮮人約二五〇〇人、島民約六五〇〇人の計三万四〇〇〇人がいた。大半は南洋庁のあるコロール島とバベルダオブ島(パラオ本島)に居住していた。師団が到着したとき、コロールの街並みはすでに空襲でがれきと化していた。

第二連隊はペリリュー島、第五九連隊はアンガウル島の守備につき、第一五連隊はパラオ本島で待機することになった。

ペリリュー島の守備兵力は一万人余り。用意された弾薬は「半会戦分」しかなかった。一会戦は三～四カ月の作戦期間を想定しているので、二カ月程度の戦闘分しかなかったということだ(平塚柾緒編著『徹底抗戦 ペリリュー・アンガウルの玉砕』〔太平洋戦争写真史〕)。

制海制空権は米軍にあり、これまでの島嶼戦の経過を見ても補給の可能性はほぼゼロである。「死んでこい」というようなものだ。実際、戦闘が始まってからの彼らの使命は、本土防衛準備のための時間稼ぎであり、「できるだけ時間をかけて死ぬ」ことだった。特攻は「十死零生」といわれるが、その意味では「島もろともの特攻」だ。

ただ、日本軍としては食糧は豊富で、三五〇〇人が九カ月持ちこたえることができる備蓄があったという。同島守備隊が奮戦できた理由の一つに挙げる分析もある。

「防波堤」から「捨て石」へ

日本軍は戦闘が始まる前にペリリュー島にいた約九〇〇人の島民をパラオ本島に疎開させている。これにより、サイパンのような住民を巻き込む悲劇だけは免れた。これを「住民を巻き添えにしないようにした」と道義的に評価する見解がある。たしかにそういう面があったことは否定しない。

しかし、サイパンなどの例を見ると、日本軍が実施した引き揚げ、疎開の一番の動機は「戦闘に用をなさない消費階級」の排除である。また、島民は米軍に内通するスパイという疑念もあった。元陸軍上等兵の次のような証言もある。

「魚雷壕など上空からの偵察だけでは絶対わからないところにあるのに激しくやられる。そこで島民の中にスパイがいるのではないかといわれていました。それに艦砲射撃などの攻撃がある前には、かならずノロシが上がるというので現地人が疑われたんです。そこで軍は現地人をペリリュー島からコロールやパラオ本島に引き揚げさせたんですよ」（平塚柾『証言記録 太平洋玉砕戦――ペリリュー島の死闘』）

ただし民間人といえども、朝鮮人労働者は軍属として疎開を許されなかった。ペリリュー島とほぼ同時に戦場となったアンガウル島では島民の成年男子が軍夫として残留している。

歩兵第二連隊を率いたのは中川州男大佐。米軍がマリアナ攻略を優先したため、守備隊がペリリュー島に配備された四月末から上陸が始まる九月一五日まで、四カ月以上の準備期間があった。ここが到着間もない部隊が準備不足で戦闘に臨んだサイパンとの違いだった。

この間、戦車隊や第一五連隊からの増援を受けることができた。また、ペリリュー守備隊は全島に洞窟陣地を張り巡らせる。ペリリュー島には天然洞窟や採掘坑道などが五〇〇近くもあり、守備隊はこれを利用したのだ。

通説では、サイパンで水際防御があっけなく破れたため、大本営は陣地を水際から内陸に後退させ、縦深配備する戦略に転換したといわれている。その成果が最初に現れたのがペリリュー島の戦いで、長期間の抵抗が米軍に大出血を強いた。この戦法は硫黄島でも継続され米軍を苦しめる。たしかに四四年八月一九日に示達された「島嶼守備要領」は水際撃滅主義を捨て、主抵抗線を「海岸から適宜後退して選定」とされている。だが、この戦術転換はすでに陣地構築を進めていたペリリュー島では間に合わなかったとみられる。中川大佐の防衛計画の基本は水際撃滅にあった。水際が破られた場合、やむを得ず内陸の洞窟陣地でゲリラ戦を続ける作戦だった。

ペリリュー守備隊の頑強な抵抗をもたらした大きな要因は、本土決戦に備える時間稼ぎのための持久戦命令であろう。水際陣地を砲爆撃で徹底破壊されたあげく、万策尽きて弾幕のなかに飛び込むバンザイ突撃は死を賛美する思想では〝常道〟であったかもしれない。しかし、絶対国防圏を破られ、本土での決戦を決意して以降の大本営からすると、命を早々に「安売り」されては困るのだ。できるだけ長く抵抗し、「敵に命を高く買わせる」ことが重要となる。「美しき死」より「長く苦しい死」が求められ、「時間をかけて玉砕する」ことが命じられた。ペリリュー島の戦いは、南洋群島がサイパン戦時の「防波堤」から「捨て石」に変わったことを明らかにしている。

ものづくり思想の戦い

米軍でペリリュー島攻略を任されたのが、ガダルカナルを陥落させた「オールド・ブリード」第一海兵師団だった。ルパータス師団長は「三日で片付ける」と豪語していた。これは必ずしもペリリュー島攻略戦をなめてかかった言とはいえない。大出血を強いられたタラワ攻略でも三日間で終わった。ペリリューほどの小島なら妥当な見通しだったともいえる。

ただ、米軍の作戦名が奇妙だった。「スティールメイト（手詰まり）Ⅱ」というのだ。この戦いの行く末を不気味に暗示しているようである。なぜこんな名前を付けたのだろうか。

九月六日、米機動部隊の艦載機による空襲でペリリュー島攻略戦が始まった。同島攻略の総兵力は約五万人。艦載機による空襲は一〇日間続けられ、最後の三日間は戦艦、巡洋艦、駆逐艦など二七隻による間断のない艦砲射撃が続けられた。米軍の鉄の暴風雨攻撃は完成の域に達しつつあった。

これを受け止める側はどうなるのか。海軍上等水兵として見張り要員だった土田喜代一さんはいう。

「最初はグラマンがぶんぶん飛んできた。それがあるときぱたっと止む。しばらくするとグラマンが爆撃していないのに椰子の木が揺れる。そして倒れる。あっ、いよいよ攻略部隊が来るなと思ったら、水平線のところに艦載機のカーチスが見えた。『偵察機だ、空母がいる』と報告しましたよ。そうしたら艦砲射撃。もう波状攻撃です。みるみるジャングルがなくなって、島全体が土の色に変わっていった。こんなにたくさん爆弾を使うとは、やっぱり持てる国だなあ、と思いましたよ。私は旋盤工だったから、日米のものづくりの違いがわかる。日本人は部品一つ一つを丁寧にけずっていくのだが、アメリカ人は粗削り。びゅーっと機械でやっていく。『雑だなあ』と思ったことがあるが、いま思えばそんなことはどうでもよかったんだなあ。われわれが部品一個作る間に向こうは二〇個はできるでしょうね」

ものづくりに従事していた人ならではの見方でおもしろい。米軍の弾幕戦術は大量生産方式とつながっている。日米の戦いはものづくり思想の戦いだったともいえる。航空機の量産に失敗した多品種化にみるように、日本方式はアメリカ式に比べると戦争向きではなかったことは確かだ。

土田さんは天皇、皇后両陛下がペリリュー島を慰霊訪問した二〇一五年四月九日に現地に赴き、両陛下とも言葉を交わした人だ。このとき九五歳で、数少ない生還者であるためメディアの取材が殺到し、ときの人にもなった。筆者はこの一ヵ月ほど前に福岡県筑後市に土田さんを訪ねて話を聞いたのだが、かくしゃくとしていて冗舌。「元気な人だなあ」と感心した。そして、艦砲射撃に耐え続けたことを語る口調に悲壮感がなく、ひょうひょうとしているな、とも思った。

それもそのはずで、米軍の艦砲射撃は日本軍守備隊にほとんど損害を与えることができなかったのだ。激しい砲撃で地表は月面のように様変わりし、虫一匹生きていないように見えても、地下に掘られた洞窟陣地は破壊できなかった。地上からは洞窟陣地の正確な場所はわからず、弾幕攻撃をもってしてもダメージを与えられなかったのだ。

そのツケは上陸を敢行した海兵隊が払わされることになる。

九月一五日早朝、海兵隊の水陸両用戦車（アムタンク）と装軌式水陸両用車LVT（アムトラック）が島の西海岸を目指して一斉に発進した。第一海兵師団の兵力は約二万八四〇〇人。歩兵部隊を含めると約四万人。約一万人の日本軍守備隊を「三日でひねりつぶすのは造作もないこと」と指揮官が思うのも無理もない。

米軍は上陸地域の海岸を北からホワイト1、2、オレンジ1、2、3と区分していた。この海岸はいまでも通称オレンジ海岸といわれているのだが、このコードネームが誤解され「米兵の血で染まったからオレンジ海岸」と伝えられることもある。

日本側はモミ、イシマツ、イワマツ、クロマツ、アヤメ、レンゲと名づけた六つの陣地で待ち構えていた。海兵隊の上陸部隊が海岸から一五〇メートルに達したとき、日本軍陣地の火砲が火を噴いた。横殴りの猛射にアムタンク、LVTは次々と炎上、破壊された。

米軍の上陸第一波はLVT六十余隻、アムタンク二六輌、シャーマン戦車三輌を失い、一〇〇〇人以上の死傷者を出して壊滅状態になったといわれている。海岸は米兵の死体で埋め尽くされた。

事前の砲爆撃で完全に破壊したと思っていた日本軍陣地がほとんど無傷で、凄まじい攻撃を仕掛けてきたのだ。歴戦の海兵隊員らも恐慌状態に陥った。元海兵隊員のユージン・B・スレッジは『ペリリュー・沖縄戦記』でそのときの驚愕と恐怖を語っている。

「私は身震いし、息が詰まった。怒りと苛立ちと無念の思いがこみ上げ、激しい嫌悪感に襲われる。それは、仲間が窮地に陥っているのを目にしながら、何一つ手が打てず、みすみすやられてしまうのを見守っているほかないときに、いつも私の心を苛む感情だった。私は一瞬自分が置かれた窮状を忘れ、吐き気を覚えた。『なぜ、なぜ、なぜ？』と神に問いかける。顔を背け、目の前に繰り広げられている光景が幻影であってほしいと願った。これが戦争の酷薄な真実の姿だった。戦友たちがなすすべもなく殺戮されていく。私の胸に嫌悪感が溢れていった」

ホワイトビーチではたこつぼに潜んでいた日本兵が白兵戦を挑み、日米兵士がもみ合いながらの殺し合いとなる。実際に戦った日本兵は次のように証言している。

「われわれも撃ちに撃った。銃身なんか熱くてとてもさわれない。殺し合いだよ」

「そのときは撃ち合いだけじゃなく、手榴弾の投げ合いですよ。小銃で撃ち合うほど離れちゃいないんだから。〔下士官が斬り込みに行き〕米兵の首を斬って殺し、『やった！』と思った瞬間、バーンと逆に殺られてしまった。首を斬られた米兵が手榴弾を握っていた手を開いたからなんです」（前掲『徹底抗戦 ペリリュー・アンガウルの玉砕』）。

双方の兵士が入り乱れているので、米軍は友軍相撃になるのを恐れて砲撃ができない。

「ペリリューはまだ落ちぬのか」

「アメリカの第一線は黒人兵が多かったらしく、かなりの黒人が死んでいた」という証言がある。

サイパンでも黒人兵が最前列で突撃してきたという証言が多い。ペリリュー島帰還兵の土田喜代一さんも筆者が取材した際、「一番初めに見たのは黒人の死体ですよ。最初に突撃してきたのも黒人が多かったんじゃないでしょうか。白人の死体はすぐ片付けるのに、黒人の死体はほったらかし。差別があったんだなと思いましたよ」と語っている。

アメリカ側の戦記では死傷率の高い第一波の突撃を黒人兵が担っていたという記述はまったくといっていいほど見られない。写真集、記録映画などでもそのような情景は映っていない。まるで黒人兵などいなかったかのようだ。人間を「一等」「二等」と階層分けする点でアメリカも負けてはいない。

海兵隊は上陸してからも洞窟陣地に潜む日本兵からの狙撃に悩まされ、損害を出し続ける。「三日で終わる」という予想は完全にくつがえされ、海兵隊がかつて経験したことのない地獄の戦場になった。

ガダルカナル、沖縄でも戦ったスレッジはペリリュー島の戦いこそ「海兵隊が戦ったなかでも最も苛烈な戦闘」だという。

「大砲や迫撃砲を集中的に浴びせられるのは恐ろしいとしか言いようがない。しかし、身を隠すすべもない開けた場所で集中砲火に身をさらすのは、経験したことのない者には考えも及ばない恐怖だ。ペリリュー島の飛行場を突破する攻撃は、私がこの戦争全体を通じて味わった体験のなかでも最悪のものだった」（前掲『ペリリュー・沖縄戦記』）

戦闘が長引くにつれ、島は死体であふれ、強烈な悪臭に包まれていく。

「日本兵の死体は岩陰や斜面に放置されていた。葬りたくてもそのすべがない。〔略〕敵の死体は倒れたそのままの場所で腐敗していった。歯茎を剝き出し、まるで笑っているように見える膨満《ぼうまん》した顔の遺体が、グロテスクにねじれた姿勢をとっていたるところに散乱している。／くる日もくる日も昼夜の別なく、腐っていく人間の肉体の腐臭が絶えず嗅覚を襲ってくるあのおぞましさは、経験したことのない者には伝えるのが難しい」（同）

ペリリュー島攻略戦の最大の焦点だった飛行場はどうなったか。上空から見ると、八〇メートル×一二〇〇メートルの巨大な滑走路が4の字に交差する日本軍の航空基地は、実戦に使用すれば敵にとって脅威だったことは間違いない。しかし、すでに航空戦力が壊滅していた日本軍に戦うべき航空機はなかった。当初から守備隊に課されていた任務は飛行場を敵に渡さないこと、それが不可能なら敵に奪われた飛行場の使用を妨害することだった。

実は飛行場は米軍上陸二日目の九月一六日に早々と奪取されてしまっていた。二三日に飛行場を完全占拠した米軍は、ここから航空機を飛ばし、日本軍陣地めがけて超近距離爆撃を行っている。日本軍守備隊が戦う目的は戦闘二日目に失われていた。あとは「できるだけ時間をかけて玉砕する」のみであった。

戦う意味の喪失は米軍にもいえた。そもそもペリリュー島攻略は日本の航空戦力を過大評価したニミッツの誤算であり、やらなくてもいい戦いだった。さらに、マッカーサー率いる陸軍部隊がペリリュー島上陸と同じ日にモロタイ島攻略に着手、三日で占領していた。その後飛行場の整備を進め、一〇月四日に大型爆撃機の発着が可能となった。たとえペリリュー島の日本軍航空部隊が健在でも、モロタイ島の航空戦力で抑止できる。フィリピンに向かう米艦隊にとっての脅威はなくなった。それはペリリュー島の戦略的価値がなくなったことを意味した。

しかし、戦闘は続いた。「日本兵を殺しつくすか、全員が弾に当たるまでこの島を出られない」（スレッジ）出口なしの地獄に、米軍では「戦場神経症」を発症する兵士が続出する。

二〇日余りであっけなく陥落したサイパンと比べ、その奮闘ぶりに大本営は瞠目した。「ペリリューはまだ落ちぬのか」が毎日のあいさつになった。一〇月二三日、連合艦隊司令部から守備隊に感状（戦功を賞して与えられる文書）が贈られた。昭和天皇からは異例の一一回に及ぶ御嘉賞の言葉が下されている。兵力も弾薬も送ることができないので、せめて「お褒めの言葉だけでも」ということだったのだろう。

複廓陣地から神出鬼没にゲリラ戦を行う日本軍守備隊に手を焼いた米軍はナパーム弾と火炎放射器の火攻め作戦で洞窟内の日本兵を焼き殺していく。双方に「相手は人間」という意識はなくなっていった。

奮闘する守備隊にも終わりのときが近づいていた。連合艦隊から感状が贈られたころには、わずか七〇〇人になっていた。一一月五日には約五〇〇人。一一月八日、第一四師団派遣参謀・村井権治郎少将が最後の斬り込みを師団本部に打電するが、師団長は玉砕を認めず持久戦継続を命じた。

一一月二四日、守備隊は最期の電文「サクラ、サクラ」を発してついに玉砕。組織的戦闘は終わった。ただ、その後も六〇人弱の遊撃隊が戦闘を続け、二七日までに全滅している。最終的な戦闘の終結はこの日とされており、日本軍守備隊は三日どころか七四日間戦い続けた。

ただ、すべての日本兵が死に絶えたわけではなく、約一〇〇人の兵士が戦場で負傷、気絶するなどしたため捕虜となっている。また、海軍部隊約六〇人が島からの脱出を試み、約一〇人がパラオ本島にたどり着いた。しかし、敵前逃亡の責めを受けたため、再びペリリュー島に向かい戦死した。

このほか、玉砕も終戦も知らずに一九四七（昭和二二）年四月二二日まで島内に潜伏していた兵士がいた。前述の土田喜代一さんもその一人だ。生還したのが三四人だったことから「三十四会《みとしかい》」という戦友会がつくられた。

ペリリュー島から約一〇キロ南西のアンガウル島にはペリリュー上陸二日後の九月一七日に米軍が上陸。日本軍守備隊は一二〇〇人足らず。それに対して一七倍以上の約二万一〇〇〇人の米軍が襲いかかった。絶望的な戦力差にもかかわらず、アンガウル守備隊はペリリュー島同様、驚異的な抵抗を見せ、一〇月一九日に玉砕するまで三三日間も戦い抜いた。

海兵隊に限っていえば、ペリリュー島の戦いは〝敗戦〟といえるかもしれない。第一海兵師団のなかで攻撃第一波を担った第一海兵連隊は死傷率五〇パーセントで戦闘不能となり、上陸二週間で島を去った。他の連隊も三〇〜六〇パーセントの損害で、一〇月三〇日までに師団の全部隊が後方基地に撤退を余儀なくされた。海兵隊はのちの戦闘を陸軍の第八一歩兵師団に引き継いだ。

ペリリュー島での戦死者は日本一万二二人、アメリカ一六八四人。戦傷者を含めるとアメリカの損耗は八八四四人で、日米の損耗比は一〇対九と拮抗している。日本側の生還者（捕虜）は四四六人。大部分は朝鮮人軍属だ。

アンガウル島では日本軍の戦死はおおよそ一一五〇人、生還五〇人。米軍は二六〇人が戦死したが、戦傷を含めた損耗は日本の約一二〇〇人に対しアメリカは倍以上の二五五四人に上った（前掲『徹底抗戦　ペリリュー・アンガウルの玉砕』）。

飢餓との戦い

南洋群島での戦いはペリリュー、アンガウル島で終わった。最後の戦いは戦略的にはほとんど無意味で、本土決戦までの時間かせぎという面でも成果があったとはいえない。戦闘は終わったが、残された島々の日本人にとっての「戦い」は続いていた。飢餓との戦いである。

ペリリューで激戦が行われているころ、パラオ本島には四万数千人の軍民がいた。地上戦はなかったが、これだけの人間を養う食糧はなく、飢餓地獄が待っていた。

先に紹介した沖縄パラオ友の会代表の田中順一さんは「一九四四年三月に大空襲があって、五月にコロールからパラオ本島に避難した。軍から『戦争は長期戦になるから、食糧は自給自足するように』という通達があった。イモの葉やカタツムリまで、口に入るものは何でも食べた」と話す。

「軍は民間人に情報を伝えなかった」といい、ペリリュー、アンガウルの玉砕はまったく知らなかった。餓死者は四五年一月ごろから出始めた。

「五、六歳くらいの小さな子供が栄養失調でどんどん死んでいく。その墓掘りをよくさせられた。実は軍は長期戦に備えて食糧を備蓄していた。戦後に米や味噌などがどっと出てきた。『これがあれば、どれだけの子供が死なずにすんだか』と思った。戦争が長引いていたら、もっと多くの犠牲者が出ていたと思う」という。

パラオ本島ほか地上戦がなかったパラオ諸島での死者は四八三八人といわれている。空襲での戦傷死を除くと、飢餓での死者はおよそ四〇〇〇人とみられる。四五（昭和二〇）年八月一五日の終戦時、パラオ本島には軍民約四万人がいたが、戦争があと半年長引いていたら全滅だったといわれている。

　南洋群島で玉砕戦に巻き込まれ命を落とした民間の日本人は約一万五〇〇〇人といわれており、ほとんどがサイパン、テニアンの戦いでの死者（約一万三五〇〇人）である。全体の死者のうち八五パーセントにあたる約一万三〇〇〇人が沖縄県出身者であった。

　南洋群島の戦いは被害の実態を見れば沖縄戦である。沖縄県人は沖縄戦を含めて二度「防波堤」としての戦いで犠牲になった。次章で詳述するが、比較すれば数は少ないものの、島民もまた「人柱」の役割を負わせられた。南洋群島の日本統治は、兵士たちを除けば「二等」「三等」の人々を捨て石にして終結したのである。

第五章　日本を焼き尽くす砲台

航空基地建設に借りだされた囚人たち

一九三九（昭和一四）年一二月二二日午後三時、「バンザイ」の歓声に包まれて、輸送船「三嘉丸」が横浜港を出港した。船の行き先はマリアナ諸島のテニアン島、マーシャル諸島のウォッジェ島だった。出航前の埠頭では盛大な壮行会が開かれた。船の甲板に乗員全員が整列、晴れやかさと緊張の入り交じった表情で見送りを受けた。

この年の九月、ヨーロッパでは第二次世界大戦が始まっていた。その荒波が太平洋に押し寄せないとは限らない。有事に備え、南洋群島の守備に就く「防人《さきもり》」たちの出征の光景――。事情を知らぬ者が見れば、そう受け取ったかもしれない。

しかし、見送られたのは兵士ではなかった。彼らは全国の刑務所から選抜された囚人（受刑者）だった。彼らを見送ったのは横浜の刑務所長や司法省、海軍関係者であった。受刑者たちの任務は南洋での海軍航空基地建設である。彼らは「赤誠隊」と命名された。この日出港したのは第一次派遣のテニアン赤誠隊、ウォッジェ赤誠隊約六〇〇人（各島に三〇〇人）と約一〇〇人の刑務所職員だった。

南洋群島は委任統治の非軍事化規定があるため、軍用の飛行場、港湾、要塞などは建設されなかったが、一九三五年に日本の国際連盟脱退が発効してから、この非軍事化義務が微妙になる。順守する必要はなくなったとして軍事基地建設を進める意見もあったが、アメリカなどを刺激するのを恐れてしばらくは本格的な軍事施設建設は行われなかった。

情勢が変わったのが大戦開始後のドイツの快進撃だった。満州国問題と日中戦争をめぐり米英との緊張が高まっていた。経済封鎖による資源枯渇への不安が要因の南進論とドイツの勝利に便乗しようという機運が軍民問わず盛り上がっていたことはこれまでに述べた。イギリスと戦争状態にあるドイツへの傾斜はアメリカとの対立を招くことは必至で、対米作戦に備えて南洋群島での航空基地建設計画が進められたのだ。

『戦時行刑実録』によると、三九年九月上旬、海軍省の技師が横浜刑務所長を訪ね、「南洋群島に海軍航空隊の飛行基地を建設する計画があるので、受刑者約二〇〇〇人を出役援助させてもらいたい」と打診した。同月末には海軍省から司法省に対して正式の要請があった。

受刑者の労役を要求したのは現地での労働力不足を補うとともに、防諜の狙いもあった。帰国後は刑務所に戻り隔離状態にある受刑者から基地情報などが漏れる可能性は少ない。また、現地で労働者を雇用し、現地産業従事者との賃金格差が生じて混乱することも避けられる。

海軍の要請を受け、司法省行刑局は検討を進めたが、当初は南洋群島での労役は監獄法に違反するとの見解だった。しかし、海軍の要請は強く、司法省は半ば法を曲げる形で受諾する。

一〇月四日、司法省から全国の刑務所に「適格者」の調査を命じる通達が出された。工期を一年半以上とし、募集する受刑者数は二〇〇〇人。残刑一年半以上で、四五歳以下の身体頑健者。土木作業に適し、逃亡の恐れがない者。思想犯や殺人、傷害、猥褻、強姦の罪で服役している者は除外された。

同年一一月一日、海軍と司法省の間で受刑者の労賃、職員の出張手当は海軍が負担することなどを取り決めた「南方構外作業出張に関する契約」が成立した。

そして、全国の希望者二六六六人中二〇〇〇人が選抜され、テニアン島とウォッジェ島に一〇〇〇人ずつ派遣されることになる。土工出身者が七割でもっとも多く、残りは左官、大工、とび職などの職人出身者だった。

彼らには賃金や食料の優遇について説明があり、「囚人でもお国の役に立てる」と説諭されていた。囚人たちはいったん横浜刑務所に集められ、衣類や寝具の支給を受けた。

三嘉丸は小笠原諸島の父島、硫黄島を経由して一二月三一日にテニアン島、翌四〇年一月一二日にウォッジェ島に到着した。以後、後続の輸送船で続々と受刑者が送り込まれ、二月末から三月上旬には両島とも予定通りの約一〇〇〇人の受刑者が労働に従事するようになる。

ただ、職員の数は受刑者数の一〇分の一程度だったため、刑務所当局は非常事態に備えて拳銃などで職員を武装させていたほか、受刑者の精神的な規律を厳正に保つよう腐心した。「その対策として、原住民を全部他島に強制移動をさせて、受刑者と原住民との接触をたつことにした」（『戦時行刑実録』）

島から原住民を排除することで「島全体が一つの刑務所」という状態をつくり、作業の能率アップを図ったのだ。しかし、暑さで作業の能率は低下し、工事はなかなか進捗しなかった。ウォッジェ島では密林地帯を開拓して地盤を整地するのが難事業だった。

毎日のスケジュールは「午前五時起床、就業同五時五〇分、昼食同一一時、就業午後一時、終了同四時五〇分、就寝同七時三〇分」と決められていた。

灼熱の南洋で重労働に携わった受刑者たちは、水不足と伝染病に苦しんだ。珊瑚礁が隆起してできた南洋の島には湧き水がなく、飲料水は雨水を貯めたものを使用した。これは病気が伝染する原因にもなった。食生活も野菜不足が深刻だった。

受刑者が被った病気では、アメーバ赤痢と腸チフス、デング熱などが猖獗《しょうけつ》をきわめた。このほか、高温多湿、季節風が急変する環境で気管支炎、肺炎、感冒など呼吸器系の病気も流行した。

島には娯楽もなく、軍機保持のため通信も厳しく制限されていた。精神衛生上の環境は劣悪だった。受刑者、職員ともども不眠や神経衰弱に苦しんだ。四〇年四月一五日にはテニアンで脱走を図った受刑者二人が追跡班に追い詰められた末にダイナマイトで自爆する事件が発生している。

海軍から当初計画になかった追加工事の依頼が相次いだことから工期が延び、受刑者の帰国は遅れた。ウォッジェ島の飛行場の全工事が完了したのは四一（昭和一六）年一月一五日だった。一方、テニアン島の工事は大きく遅れをとっていた。長引く工事で受刑者の健康状態に不安があるとして、現地から本国に対して同年二月から四月までに六八〇人、五月から六月までに五七〇人、七月から九月までに二四〇人の受刑者増員と交代が要望されている。

テニアン島では工事開始以来二年近くを経た四一年一〇月二三日、二五〇〇メートルの滑走路を持つ海軍テニアン第一飛行場と司令部施設がようやく完成した。一カ月半後の一二月八日に太平洋戦争が開戦する。

ウォッジェ赤誠隊は四一年二月八日、テニアン赤誠隊は同年一一月七日の船を最後にすべて本国に引き揚げた。工事期間中、伝染病や不慮の事故、自殺などによりウォッジェ島で三六人、テニアン島で二四人の受刑者が死亡した。職員の殉職者も一〇人に上った。計七〇人が再び故国を見ることなく南洋の土となった。

急増する朝鮮人人口

工事がすべて完了したにもかかわらず、帰国できなかった受刑者がいた。四一年八月を過ぎてから、海軍はテニアンの赤誠隊に対し、トラック諸島春島での飛行場基地建設に受刑者を追加派遣するよう要請してきたのだ。これに応えて「トラック島図南報国隊」が結成された。同年一〇月から翌四二年四月にかけて、テニアン島から向かった者、いったん帰国してから再び送り込まれた者計一三〇〇人、職員一五〇人が春島に上陸した。

彼らの工事作業は開戦後であったためいっそう悲惨だった。米軍の激しい空襲に巻き込まれただけではなく、敵に制海権を握られたため、四四（昭和一九）年四月の「三年丸」の輸送連絡を最後に本国との連絡が完全に遮断されてしまった。

補給路を断たれたため、食糧不足による飢餓で受刑者は次々と死んでいった。生き残った者はトカゲや野ネズミを追い回す地獄の生活を送ることになった。

南洋群島各所の軍事施設建設工事は囚人二〇〇〇人程度ではとても覚束なかった。このほかに動員されたのは日本社会の底辺にいた人々――〝二等・三等国民〟の朝鮮人、台湾人、島民だった。

一九三八（昭和一三）年、国家総動員法が発令され、日本の版図すべてが戦時体制となる。同法は南洋群島にも適用された。これに伴い、朝鮮半島では企画院が立案した労務動員計画が実施され、翌三九年から南洋群島の朝鮮人人口が急増する。

日本の委任統治初期のころ、サイパンではサトウキビ農場開墾のため沖縄県人よりも先に朝鮮人労働者が送り込まれていた。彼らの生活は悲惨で「日本人からの差別に加え、チャモロ人やカナカ人も朝鮮人移民をさげすんだ」（野村進『海の果ての祖国』）という。

南洋群島の朝鮮人労働者は少ないときで一〇〇人未満、多いときは三〇〇人台で推移してきたが、三五年からは五〇〇人超と徐々に増えていた。国家総動員法施行翌年の三九年には一気に約二〇〇〇人となり、四〇年には約三五〇〇人、四一年に約五八〇〇人、四二年に約六四〇〇人と増加の一途をたどる。

軍事施設建設のほか、鉱物など南洋資源の増産のために朝鮮人労働者が政策的に大量動員されたのだ。形式的には募集の形態がとられた。彼らは「勤労報国隊」「南方行愛国勤労出動隊」などの名で組織された。動員初期の主な行き先はテニアン島、パラオ本島、コロール島、ポナペ島などだった。

南洋群島の朝鮮人には「農業移民」の事例もあった。南洋での自給自足体制確立と戦時の駐留軍用の食糧増産のためだ。南洋興発が労働者のあっせんを依頼していたという。

一九四〇（昭和一五）年になると軍事施設建設工事が急増する。ペリリュー島、アンガウル島、トラック諸島、ヤルート島などに数多くの朝鮮人が送り込まれた（今泉裕美子「南洋群島への朝鮮人の戦時労働動員」参照）。

「日本の軍人軍属として徴発され、太平洋戦争の全戦線に動員された朝鮮人は約一四万人、台湾人は約一二万人であった」（安仁屋政昭「南洋移民の戦争体験」）という。軍属として日本軍と運命をともにした人々も少なくないが、捕虜として収容された「日本人」の大半は朝鮮人軍属だった。

パラオ人たちの「特殊任務」

南洋群島の島民も日本の戦時体制と戦争にいや応なく巻き込まれていった。四〇年に南洋群島大政翼賛会が結成された。島民も翼賛会に加入し、「南方挺身隊」として組織された。青年団や島民警防団、島民婦人勤労奉仕会などが傘下に置かれ、本土と同じように国防献金や勤労奉仕、慰問袋作り、宮城遥拝式などが行われた。

南洋興発は「島民は怠惰」だとしてほとんど雇用しなかったが、戦時の日本軍は飛行場建設工事などで積極的に彼らを活用した。その使役は過酷だった。

「一九四三年夏に、一七九人の現地民がポナペの主島からほぼ三〇〇マイル東南に位置するクサイ島に、軍事施設建設のために船で運ばれ、それから二年以上も家に戻ってこなかった。一一歳から五〇歳までの、すべてのヤップ人男性は、戦闘機用の飛行場建設のために、限度をこえた時間、ほとんど人力による作業をさせられた」（矢崎幸生『ミクロネシア信託統治の研究』）

防空壕造りで一日一四時間働かされたという証言もある。戦場に送られた島民もいた。パラオでは「海軍建設部隊」「資源調査隊」「挺身隊」として徴集されたパラオ人がニューギニアやその近隣諸島で働いた。

一九四三年二月から六月、六二人のパラオ青年が西パプアのマノクワリなどに派遣された。「南太平洋に第二のパラオを建設する」として結成された「パラオ調査隊」である。戦場の原住民対策を行う「特殊任務」を担っていた。彼らのうち二人が戦場で病死しているが、犠牲は少ないほうである。

同時期に「パラオ挺身隊」としてニューギニア戦線に送り込まれた三〇人のうち、一四人が戦死または行方不明になっている。移動中の船が撃沈され死亡したパラオ人も多い。

もっとも悲惨だったのは四二年七月に結成された「ポナペ決死隊」であった。「日本人になりたい一心」で募集に応じた一九歳から四三歳までのポナペ人二〇人がラバウルに向かった。そこから体調を崩した三人を除く一七人がニューギニアのブナに向かったが、原住民対策の特殊任務ではなく、日本兵と同じく戦闘に従事した。結果、全員が戦死した。

太平洋戦争時の南洋群島の島民の犠牲者数は、数百人から数千人と資料によってかなりばらつきがあり、確定的な数字が挙げられない。そして、そのなかには日本軍によって処刑された島民がいることも否定できない事実だ。

「島民の拉致、逃亡によって、日本軍の配備や戦力低下の情報等が米軍に通知されるほか、わが軍の現地自活の主要な労働力である島民の減により、食糧生産が極度に低下すること、あるいは士気に及ぼす悪影響などが憂慮され」ていたところ、島民の逃亡、日本兵殺害が相次いだ。「警備部隊としては、これら逃亡扇動首謀者や警備兵の殺害者、武器、舟艇の強奪者及びスパイ行為者に対し極刑をもって臨んだ」という日本側資料がある。

また、島民側も「戦争末期を迎え、日本軍兵士は、アメリカ軍に好意的であると判断した数十人のマーシャル諸島人を処刑した。ミリ島においては多数の者が殺され、大きな墓穴に投げ込まれた」などと証言している（前掲『ミクロネシア信託統治の研究』）。

南洋群島内で唯一の他国（アメリカ）領だったグアム島では開戦初頭の日本軍の占領から四四年八月の米軍による奪還までの間、約一一〇〇人のチャモロ人が死亡している。日本軍の虐殺事件もあり、住民に深い恨みを残した。

B29の発進基地に

日本海軍は戦争直前になってから押っとり刀で南洋群島の飛行場建設を始めた。朝鮮人、島民そして囚人までも動員して造り上げたときには米軍の空爆で航空戦力が壊滅、肝心の飛行機がなかった。ベテラン搭乗員も次々と戦死して、練度の低い搭乗員では確実に撃ち落とされてしまうため、わずかに残った飛行機も使用しない場合があった。サイパン戦では戦闘に使われず飛行場に放置されていた無傷のゼロ戦一二機が米軍に捕獲されている。

米軍は占領した島々の日本軍飛行場を次々に整備して、B29や攻撃機の発進基地に造り替えていった。日本軍は自国を攻撃する「砲台」の基礎を提供したようなものだった。

米軍は占領したマリアナの三島（サイパン、テニアン、グアム）にB29の出撃基地を建設した。サイパンに一、他島は各二の計五つの飛行場にB29の五個の航空団が置かれた。マリアナのB29部隊は「第二一爆撃軍団」（四五年七月に第二〇航空軍に改編）と呼ばれた。

サイパンでは四四年八月上旬、島南部のアスリート飛行場に一八〇〇メートルの滑走路を整備し、戦死した将校の名をとって「イスレー飛行場」として完成させた。現在のサイパン国際空港だ。

「超空の要塞」B29は航続距離九三五〇キロメートル、最高時速五八五キロメートル、上昇限度九七〇〇メートル。爆弾搭載量は一八〇〇キログラム。
東京までの距離は約二二五〇キロメートル。B29は一五時間で往復できる。四四年一〇月一二日に一番機が到着。当初は六〇機程度だったが、またたく間に増強され、四五年七月時点で約一〇〇〇機、八月に一四〇〇機以上のB29がマリアナに配備された。

一〇月二八日、マリアナのB29部隊の最初の作戦が実施される。これは訓練飛行で、サイパンの第七三航空団一八機がトラック島を爆撃。日本側の迎撃機はなく、一機も失わずに帰還した。トラック島や硫黄島への「手馴らし爆撃」を六回行った後、一一月二四日に本番を迎える。

マリアナからのB29日本本土初空襲

サイパン島のB29発進基地（毎日新聞社）

の作戦コード名は「サン・アントニオ」。第七三航空団の一一一機のB29が爆弾二七七五トンを搭載してイスレー飛行場を飛び立った。目標は東京郊外の中島飛行機武蔵製作所だ。サイパン島は銃口を北東に向けた拳銃のような形をしている。そこからまるで弾丸のようにB29が飛び立っていった。日本が「生命線」「防波堤」として位置づけていた島が、皮肉にも国土を焦土にする砲台に様変わりした瞬間だった。

このときの空襲は、のちの夜間低空無差別爆撃と違い、昼間高々度からの精密爆撃だった。出撃した全機が目標を爆撃したわけではなく、中島飛行機の工場に爆弾を投下したのは三五機、全機の三二パーセントだった。この爆撃で市民一三二人が死傷した。他の五〇機が東京の市街地と港湾地域を爆撃している。米軍資料によると、日本の航空機、対空砲火による迎撃は「貧弱」とされており、体当たりなどにより二機を喪失した。

この日、東京以外に伊豆半島南西岸、静岡県の松崎という小さな村が爆撃されている。マリアナを飛び立ったB29の編隊は一直線に東京を目指したわけではない。飛行には目標物が必要である。B29が目標に設定したのが富士山だった。B29は富士山を目指して伊豆半島南端から日本本土に侵入し、東に旋回して目的地の東京へ向かった。松崎村は「行きがけの駄賃」で爆弾を落とされ難に遭ったのだ。

日本の防空体制

以後のB29の爆撃行はこの目標富士山、伊豆半島上空旋回コースをたどることになる。マリアナからの飛行コースはいつしか「ヒロヒト・ハイウェー」と呼ばれるようになった。上空がB29の通過コースになった静岡県は受難の地で、浜松などは全国の中堅都市ではもっとも激しく爆撃されている。

B29を迎え撃つ日本の防空体制は米軍の報告どおり貧弱だった。南洋群島で米軍の空襲により航空戦力が壊滅的な打撃を受け、戦闘に使う航空機もままならない状態でB29の大編隊を阻止するのは不可能だった。

日本軍は四三（昭和一八）年初めにB29の開発情報を得ていたが、具体的な対策が進まなかった。「英米独が防空用戦闘機を編成していたのに、B29が本州上空に現われるころになっても、日本は防空専用機を一機も持たず、改造戦闘機で立ち向かったが、一万メートルに達するのに一時間かかり、その上、姿勢を保つのがせいいっぱい」（『TARGET TOKYO 日本大空襲』〔太平洋戦争写真史〕）の状態だった。

「東京の一〇〇式司偵がやっと高度九〇〇〇メートルで編隊飛行ができるようになったのが昭和一九年一月。あとの一〇〇〇メートルが壁で、好天でも時速一〇〇マイル以上の偏

西風に流され勝ちで、機敏な運動を阻害された」(同)

戦争末期には雷電などの迎撃機が配備されたが、機数が絶望的に足りなかった。何より も前線同様、十分に訓練された搭乗員がほとんどいなかった。ドイツのメッサーシュミッ トを模したロケット戦闘機「秋水」を試作した時点で戦争が終結していた。

対空砲火も不十分だった。「大本営は昭和一九年春、日本を東部、中部、西部にわけて 防空旅団を作ったが、最強の東部軍でさえも飛行機四〇〇、高射砲三〇〇門、全国で高射 砲がたった一〇〇〇門。ドイツがルール工業地帯だけに二〇〇〇門を配備したのに比べる と貧弱きわまる防空陣だった。口径一〇センチ以上の新高射砲が配備され、一万二〇〇〇 メートルの高度で、防御鋼板を貫くようになって、B29に脅威を与えるようになったのが、 昭和二〇年四月であった」(同)

四四年一一月二九日にはマリアナのB29部隊としては初めて、特定の軍事目標ではなく、 東京工業地域を目標とした市街地爆撃が行われた。初の夜間空襲でもあった。しかし、 高々度から軍事施設を狙った精密爆撃は大損害を与えることができなかった。アーノルド 米陸軍航空隊総司令官は四五年一月二〇日、精密爆撃の信奉者だったハンセル第二一爆撃 軍団司令官を解任。後任にカーチス・ルメイ少将を任命した。

ここからB29の日本本土空襲は新たな段階に入る。ルメイは木造建築の多い日本の市街地では低空からの焼夷弾攻撃がもっとも有効と見た。夜間無差別空襲である。最初に試されたのが四五年三月一〇日の東京大空襲だった。

九日にサイパン、テニアン、グアムの三島から三二五機のB29が飛び立った。作戦コード名は「ミーティングハウスNO・2」。一〇日午前零時過ぎに二七九機が東京上空に侵入し、一五〇〇—二七〇〇メートルの低空から墨田・江東地区へ焼夷弾約一万二〇〇〇発を投下した。

東京の市街地の四分の一にあたる約四〇平方キロメートルが焼け野原になり、死者約八万三八〇〇人、負傷者約四万一〇〇〇人、全焼約二六万八〇〇〇戸、被災者一〇〇万人の被害を出した。本土の日本人が初めて経験した未曽有の地獄だった。

使用された焼夷弾はM69という集束焼夷弾で、一発のなかに多数の焼夷爆弾の束が詰め込まれ、一定の高度で散開した焼夷弾が広範囲に降り注ぐ。六角形の金属筒に一六本ずつ三段の束として四八発が内蔵されていた。B29は一機で八〇個の金属筒（M69計三八四〇個）を積載していた。人間を焼き尽くすのが目的の殺人兵器は「モロトフ（ソ連外相）のパン籠」と呼ばれた。

地上の人々は「火あぶり兵器」から逃げることを禁じられた。地域で組織された「防護団」が消火の義務を負った。空襲に備えて防空壕の設置のほか、バケツリレー、火叩きによる消火、救護訓練などが行われ、市民は怪物爆撃機と立ち向かわなければならなかった。消火活動をせずに逃げることは「非国民」であった。逃げずに消火活動を続けて命を落とした例は枚挙にいとまがない。

マリアナ基地のB29の作戦任務は四四年一〇月二八日の訓練爆撃から四五年八月一五日の終戦の日まで三三一回。マリアナを発進して日本本土を爆撃したB29はのべ三万四七九〇機、投下された焼夷弾、爆弾は約一六万トンといわれている。

これに加えて艦載機による空襲、沿岸に迫った艦船の艦砲射撃で日本の大都市のみならず、中小も含めて約二五〇都市が被災した。被災面積は約六万四五〇〇ヘクタールで、東京二三区の面積を上回る（建設省『戦災復興誌』、沖縄県を除く）。

人的被害については確定的な数字がない。『戦災復興誌』は死者約三三万人、負傷者四三万人、被災戸数一三三万戸、被災人口九八〇万人としている。この数字は過小であるとして空襲犠牲者は約五〇万人としている資料も多い。最大で五六万人との説もある。

日本海軍はテニアン島で四つの航空基地を建設した。四人部隊「赤誠隊」によって造られた第一飛行場と海軍設営隊、陸軍の一部、在留邦人を動員して造った第二―四飛行場であった。しかし、実際の戦闘でこれらの飛行場が使われることはほとんどなかった。

一九四四年八月にテニアン島を占領した米軍は日本軍の飛行場二つをB29の出撃基地と

して利用した。第一飛行場はノースフィールド飛行場（北飛行場）と名を変え、二六〇〇メートルの滑走路が四本も並ぶ巨大航空基地に整備された。

極秘の原爆投下部隊

四五年二月下旬、ノースフィールド飛行場が原爆基地に選定される。前年の一二月、将校二二五人、兵士一五四二人の極秘の原爆投下部隊「第五〇九混成群団」が発足。暗号名は「キングマン」「W－47」。

ポール・W・ティベッツ空軍大佐を指揮官とする原爆部隊はユタ州の砂漠で「銀の皿作戦」という暗号名の原爆投下訓練を行う。模擬爆弾を九〇〇〇メートルの高度から目視で誤差二〇〇メートルの円内に着弾させる。投弾後に急降下し、一五五度旋回して三〇秒以内に別のコースを飛ぶ訓練が繰り返し行われた。

たった一発の爆弾をこのような方法で投下する訓練をなぜ行わなければならないのか。ティベッツ大佐以外、その意味を理解している将兵はいなかった。

四五年五月下旬、第五〇九混成群団はノースフィールド飛行場に移動し、ルメイ司令官の第二一爆撃軍団指揮下に入った。

六月から七月にかけて、弾薬格納庫を大きく改造し巨大な原子爆弾の搭載を可能にした一五機の新型Ｂ29がテニアン島に到着した。原爆部隊は他のＢ29部隊とは隔離され、ロタ島で投下訓練を行う。まだ将兵には原爆の存在は知らされていない。

七月初旬、投下訓練は長距離飛行訓練に切り替わる。硫黄島までの往復四〇〇〇キロメートルの飛行のほか、まだ日本軍支配下にあったトラック諸島へも飛んだ。同月中にはテニアンに原爆組み立て工場が完成する。

七月二〇日、テニアンの統合参謀本部は三機のＢ29小隊編成による日本本土への模擬原爆投下訓練を命じる。模擬原爆は長崎型原爆「ファットマン」を模して、本物と同じ四・五トン。塗装の色から「パンプキン（かぼちゃ）」と呼ばれた。

攻撃時間帯など本番と同じ状況で訓練が行われた。訓練といっても通常爆弾が装塡されており、投下による死傷者が出ている。単機または少数機で訓練を行ったのは、Ｂ29の少数編隊侵入に日本人を慣れさせ、警戒心を解く狙いもあった。

日本へ飛び立ったエノラ・ゲイ

七月二〇日の第一回目の模擬爆弾投下地域は東京だった。訓練機は上層部からの命令に反して皇居を目標に投下。そこからそれて八重洲橋と呉服橋の間で爆発した。

本番に備えた訓練の眼目は三つ。「昼間に高度三万フィート（約九一〇〇メートル）から目視で目標地点を確実に爆撃する」「原爆の爆発効果を最大限に引き出すため高度約六〇〇メートルの空中爆発」「攻撃機は原爆投下地点から早期に安全な距離に離脱が必要。このため偏西風に向かって飛行し、投下四三秒後に原爆が爆発すると想定して一五〇度旋回、ジェット気流に乗って離脱する」

模擬原爆投下訓練は実際の原爆が投下されたあとの八月一四日まで六回行われ、東京、福島、愛知、兵庫、富山、愛媛、静岡、山口の八都県に四九発が投下された。原爆投下目標の広島、小倉、新潟、長崎は当然入っていない。B29が夜間の低空絨毯爆撃を行っているなかで、これらの「奇妙な爆撃」の重大性に日本人は誰も気がついていなかった。八月一四日まで模擬原爆が投下されたのは、日本が降伏しなければ第三の原爆を落とす計画があったからだ。

ただ、六月に陸軍参謀本部情報部に特種情報部が設置され、米空軍の暗号解読を始めていた。マリアナ基地のB29が発信するコールサインを察知し、テニアン島の七〇〇番台が「特殊任務機」と呼ばれる新たな部隊であることを確認していた。しかし、それが原爆投下部隊であることまではわからなかった（枝村三郎『原水爆と原水爆禁止運動60年』参照）。

七月二五日、トルーマン米大統領は原爆投下命令を承認する。日本に無条件降伏を求めるポツダム宣言が公表されたのは翌二六日だった。「日本がポツダム宣言を黙殺したから原爆が投下された」というのは俗説である。

八月六日、その日が来た。午前二時四五分、ティベッツ大佐が率いるエノラ・ゲイ機（搭乗員一二人）はノースフィールド飛行場を離陸、ヒロヒト・ハイウェーへと向かった。科学観測装置を装備したグレート・アーティスト機、写真装置搭載の九一号機を従えていた。

これより一時間余り前の午前一時三七分、事前の気象観測を任務とした三機のB29が飛び立っていた。広島に向かうストレート・フラッシュ機、小倉のジャビッド三世機、長崎のフル・ハウス機である。そして七番目のB29、トップ・シークレット機が硫黄島へ飛行して待機していた。

日本時間の午前六時半を過ぎたとき、ティベッツ大佐はインターコムのスイッチを入れ、「われわれは世界初の原子爆弾を運んでいる」と乗員に告げた。六時四〇分、日本に接近したエノラ・ゲイは予定高度の三万フィートに上昇し始めた。

午前七時九分、広島放送局が警戒警報を放送、全市にサイレンが響き渡った。気象偵察機ストレート・フラッシュが広島の空を横断したのだ。三つの都市に向かったB29偵察機はすべて「気象良好」を報告してきた。七時二五分、ティベッツ大佐は第一目標を広島と決断する。

偵察機が飛び去ったため、七時三一分に広島市の警戒警報は解除される。八時一二分、エノラ・ゲイは予定通り進入点に到達した。投下予定時刻まであと三分。一分後、広島市に空襲警報が発令される。八時一四分、ティベッツ大佐が「眼鏡をかけろ」と命じ、乗員は閃光から目を守る眼鏡を装着した。

広島市中心部の上空に達したエノラ・ゲイの爆撃手は爆撃照準点のT字型・相生橋を照準器の中心にとらえた。八時一五分四七秒、爆弾倉の扉が開いた。四トン以上の原爆が機から離れた瞬間、エノラ・ゲイは三メートルほど跳ね上がった。そして機体を右へ一五〇度急角度旋回させた。

爆弾の点火装置は地上五七六メートルで作動した。ウラニウム原爆「リトルボーイ」はエノラ・ゲイを離れて四三秒後の午前八時一六分、相生橋から約二五〇メートル離れた島病院上空で爆発した。

原爆は直径一〇〇メートルの火球となり、太陽表面温度の二倍の一万二〇〇〇度に達した。爆心直下の地上には六〇〇〇度の熱線が降り注いだ。投下五分後、きのこ雲が直径五キロに広がり、一万七〇〇〇メートルの上空に達した。

八月九日、テニアンを発進したB29「ボックス・カー」がプルトニウム原爆「ファットマン」を長崎に投下。同日未明、陸軍特種情報部はテニアンを飛び立った特殊機のコールサインを傍受、参謀本部に通告した。しかし、本土決戦のため航空機は温存され、無策のままだった（前掲「原水爆と原水爆禁止運動60年」）。

広島の死者は約二〇万人、長崎は約七万四〇〇〇人。広島では爆心地から約二〇〇〇メートル離れた広島刑務所で約一二〇〇人の受刑者が被爆。九月三〇日までに約九〇人が死亡した。長崎の爆心地にあった長崎刑務所浦上支所では受刑者四八人のほか、職員など計一三四人が即死した。

広島刑務所では五七人、長崎刑務所では一七七人の受刑者が赤誠隊としてテニアン、ウォッジェ島の飛行場建設に出役した。このうち何人が被爆し死亡したかは、記録がなくわかっていない。

第六章　水爆の海

徴用漁船の受難

太平洋戦争開戦二日前の一九四一（昭和一六）年一二月六日、静岡県焼津《やいづ》の東海遠洋漁業会社所有の漁船三隻が横須賀港を出港した。カツオ・マグロ兼業漁船の第五福吉丸、第一見宝丸、第五愛鷹丸だった。行き先はマーシャル諸島のクェゼリン島。ただし、これら漁船の航海目的は漁ではなかった。

彼らには「任務」があった。南方海域での監視である。第五福吉丸ほかの漁船はこの年の八月末、海軍横須賀鎮守府に南方特設監視艇として徴用され、第四艦隊第六防備隊所属となっていた。

第五福吉丸には二七歳の電信員・久保山愛吉が乗っていた。愛吉は焼津のサバ漁船の船元の家に生まれ、一九歳で焼津漁船の甲板員になった。その後、無線通信士の資格を取り、様々な漁船に乗船してきた。マーシャル諸島海域はカツオとマグロの漁場であり、愛吉にとっては庭のようなものだった。そして、人生を大きく変え、図らずも自身の名を歴史にとどめることになる「運命の海」でもあった。

第五福吉丸ほかの漁船隊は横須賀港を出て約一カ月後の四二年一月九日にクェゼリン島に到着した。クェゼリンは第六防備隊の根拠地だった。防備隊の任務は敵艦艇・飛行機の撃滅、見張り警戒、気象観測通報、戦時警備・離島への輸送補給など様々だ。愛吉ら漁船員は軍属の身分で任務に就いた。

すでに戦争が始まっており、海上で敵に遭遇すれば間違いなく攻撃される。本物の軍艦と違い、漁船は足が遅く防備は貧弱である。見つかれば逃げ切れる可能性は少なく、ほぼ確実に死が待っている。とくに米軍の反攻により日本軍がガダルカナル島を撤退した四三年初頭から任務は危険きわまりないものになる。

クェゼリン島に渡って以来、一年以上監視任務に就いてきた愛吉に異変が起きる。四三年五月、過労で急性盲腸炎を発症したのだ。愛吉は入院して治療を受けた。全治退院したが、七月三〇日に軍属徴用を解除される。帰国した愛吉は地元漁船での漁や造船所で電気工事の仕事などで生活し、危険な監視任務に就くことはなかった。この年の一二月に二九歳で結婚している。

愛吉が帰国した後の四四年一月から三月の間にマーシャル諸島周辺の海で監視任務にあたっていた焼津漁船が相次いで米艦隊の攻撃を受けて撃沈された。犠牲者は二八人に上った。そのなかに、かつて愛吉が乗船していた第五福吉丸もあった。

愛吉は盲腸炎のおかげで命拾いしたのだ。発症がもう少し遅かったら、南洋からの帰路はさらに危険になっており、やはり命を落としていたかもしれない。海の藻屑とならずに救われた一つの命は、戦後何かの糸にたぐり寄せられるかのように南洋の海に舞い戻り、より大きな歴史の渦に巻き込まれることになる――。

徴用漁船の受難は太平洋戦争の知られざる悲劇である。海軍は特設特務艇として合計八四一隻の鋼製や木製の各種漁船を徴用した。ただ、これ以外に五〇トン以下の小型漁船が雑用船として大量に陸海軍に徴用され激戦地で輸送任務に就いた。詳細な記録はないが徴用された漁船など各種小型船は七〇〇〇隻を超えるといわれている。漁船とともに漁民もまるごと徴用され、軍属として軍務に従事させられた（大内建二『戦う日本漁船』）。

これら徴用船の用途として海軍がもっとも重視したのが敵艦隊接近を探知するための監視任務だった。特定海域を碁盤目状に割り振り特設監視艇を常時配置する。レーダー開発が遅れていた日本海軍の苦肉の対策で、いわば人間レーダーだった。

海軍が徴用した特設特務艇のうち四〇七隻が監視艇で、うち七四パーセントの三〇〇隻が撃沈されている。戦争半ばごろになると船体は機関銃と爆雷で軽武装されるようになるが、敵の軍艦、艦載機から見れば赤子同然である。見つかればまったく無力で、なぶり殺しのような最期が待っていた。監視艇（漁船）乗組員たちは「海の捨て石」だった。

海軍は開戦後の四二年二月から七六隻の徴用船を北洋警備担当の第五艦隊に編入し、特設監視艇隊・第二二戦隊（通称・黒潮部隊）を発足させた。

部隊は釧路漁港などから出港し、米艦隊が来襲する恐れのある北太平洋方面に哨戒線を張り偵察、監視任務にあたった。監視艇には二〇人前後が乗り込んでおり、半数程度が海軍軍人、残りは軍属として徴用された漁民だった。

黒潮部隊の「初陣」は日本初空襲で知られる一九四二（昭和一七）年四月一八日のドゥーリットル隊の攻撃だった。日本近海で爆撃隊が発艦した米機動部隊発見を打電した第二十三日東丸が米巡洋艦と艦載機の攻撃を受けて沈没、全員が死亡している。この日は五隻の特設監視艇が攻撃され、三八人の犠牲者が出た。

サイパンなどマリアナ各島が米軍に占領された四四年八月以降、黒潮部隊は連合艦隊直属となる。同諸島から日本本土に来襲する米軍に備え、鳥島と小笠原諸島の間の哨戒線での監視任務に就く。このころになると、敵艦船のほか航空機、潜水艦の攻撃が激しくなり、多くの漁船が敵発見を打電するいとまもなく撃沈されている。

「一九四四年十月現在一六七隻を擁した特設監視艇は、わずか五ヵ月にも満たない間に七九隻が撃沈または行方不明となり、乗組員二五〇〇名が艇と共に人知れず失われてしまった」（大内建二『戦う民間船』）

四五年三月に硫黄島が陥落した後は同島に米戦闘機部隊が配備されるようになる。本州東岸各地の港湾や艦船に激しい攻撃が加えられ、黒潮部隊の監視は機能しなくなる。終戦が目前に迫った一九四五年八月十日で黒潮部隊の監視艇隊は解隊された。

海軍が徴用した漁船の七七パーセントにあたる六五〇隻が戦闘で失われている。これに加えて雑用船として徴用された小型漁船、機帆船の犠牲は合計三六〇〇隻以上とみられている。

太平洋戦争で失われた大型商船を含むすべての民間船舶の犠牲者は約六万六〇〇人。このうちほぼ半数の三万一〇〇人が徴用小型船舶（漁船や機帆船）の乗組員だ（『戦う日本漁船』）。太平洋の「忘れられた犠牲者」である。

全国有数の遠洋漁業の基地港だった焼津の漁船は、一九四一年以降七五隻が陸海軍に徴用された。戦争の最前線で監視船のほか警備船としての任務にあたった。同時に数千人の漁民も軍属として乗り込んだ。徴用された漁船のうち五九隻が米艦船などの攻撃を受けて撃沈され、漁民四〇一人が死亡した。

焼津漁業の南洋進出

焼津と南洋群島の縁は深い。焼津の漁業は明治期までは伊豆七島、遠州灘を漁場としていた。昭和初期に大型の遠洋漁船が出現し、台湾近海やマリアナ諸島方面まで漁場を求めるようになっていた。その後、南はニューギニア、東はミッドウェー付近まで漁船が進出し、漁獲高全国一を誇っていた。

焼津漁業の南洋進出は一九三一（昭和六）年の南洋水産企業組合設立に始まる。焼津銀行重役だった庵原《いはら》市蔵が組合長となり、南洋のカツオを鰹節に加工して内地に送れば成功するともくろんだ。組合は拠点をパラオに置いて事業を始めたが、当初は思うような漁獲が得られなかった。

三二年、庵原は知遇を得ていた南洋興発社長の松江春次に支援を求めた。松江は製糖業に次ぐ事業として水産業への進出を考えていたため、南興に水産部を設けて南洋水産企業組合を吸収、庵原に事業を任せた。小型漁船でのカツオ漁と南洋各島に設けた鰹節加工工場、製氷工場により事業は順調に発展していく。三五（昭和一〇）年一月、水産部が独立して社長松江、専務庵原の「南興水産」が設立された。

南興水産はパラオ諸島のマラカル、マリアナ諸島のサイパン、トラック諸島の夏島などに営業所を設置。「南洋節」といわれる鰹節の生産を拡大する。焼津には南興水産の出張所も設けられた。鰹節加工のため焼津からは多くの鰹節職人が南洋に渡った。南洋へ渡れば兵役を避けられるため、若い鰹節削り職人はこぞって南興水産の募集に応じた。

「椰子の実繁る南洋パラオ、サイパン、トラック、パナペ、パパンの諸島へ遠洋漁業の焼津から鰹節職工として渡航しているものは現在四百人、一般漁師千二百名、船大工・製

氷・ペンキ職工等三十名の約千六百三十名だ」（『静岡県水産時報』一九三八年四月号）

南興水産でもっとも規模の大きかったパラオ営業所では会社直営のほか契約漁船二〇隻、製造工場では鰹節職工・見習八〇人を擁し、一日約一一トンの処理能力があった。内地には大量の南洋節が移入するようになり、たまりかねた国内の鰹節業者が関係官庁に生産調整を求めたほどだった。

また、冷凍マグロの対米輸出をめざして四〇年九月にマラカルに日産五〇〇ケースの缶詰工場を建設。翌四一年から対米輸出を行おうとしたが、軌道に乗る前に対米戦に突入した。戦争になると南興水産の事業は軍への食糧供給になる。

極秘水爆実験「ブラボー」

敗戦により南洋興発及び南興水産は消滅。焼津は南洋での漁業の足場を失うと同時に漁船もなく漁業者もいない漁村になってしまった。

奇跡的に生き延びて母港へ帰ってきた漁船が一縷の望みだった。傷ついた船体を補修し、細々と漁が再開される。一九四六（昭和二一）年五月以降、連合国軍総司令部（ＧＨＱ）は漁船の建造を許可。各地で復興金融金庫から融資を受けた漁船建造が始まった。焼津でも続々と漁船が造られ、四九（同二四）年には戦前と同じ水準まで復興する。

漁区制限のいわゆるマッカーサーラインは五二（同二七）年に撤廃され、公海への出漁が自由になった。政府は五三年七月、「遠洋鰹鮪漁業の漁業法特例法」を公布してカツオ・マグロ漁船、マグロ専用船の大型化を奨励。とくにマグロ専用船が急激に増加し、遠洋でのマグロはえ縄漁が盛んになる。

五二年一〇月二三日、マグロ専用漁船「第七事代丸」が焼津港に寄港した。焼津の富士水産社主の西川角市は配下の漁船乗組員を修行のために乗り込ませた。出港した第七事代丸はパラオの西側海域で一一月下旬まで操業し、豊漁であった。

翌五三年三月、西川は第七事代丸を一二〇〇万円で購入する。焼津の漁船の多くがカツオ・マグロ兼業漁船で、マグロ専用船が少なかったからだ。船は「福を授ける竜」にあやかり「第五福竜丸」と名づけられた。

同年六月、戦時中に徴用された漁船で軍属として監視任務に就いていた久保山愛吉が第五福竜丸の通信士として雇用された。急性盲腸炎で「死の任務」から解放されてから一〇年。数奇な巡り合わせにより、愛吉は再び南洋の海へ向かう。

一九五四（昭和二九）年一月二二日正午近く、第五福竜丸は焼津港を出港した。行き先はミッドウェー海域。乗組員は無線長の愛吉を含めて二三人。三九歳の愛吉がもっとも年長で、ほとんどが二〇歳代だった。

二月六日からミッドウェー海域で操業を始めたが、はえ縄を切断するトラブルに見舞われる。このためマーシャル諸島で漁を再開することにし、船は南をめざす。マーシャル諸島海域で操業を続けた第五福竜丸は、燃料・食糧の備蓄を考慮して、三月一日を漁の最終日と決めた。

愛吉はマーシャル諸島海域に入った際、漁労長にアメリカの原爆実験について注意を促した。アメリカは四六年七月一日にビキニ環礁で戦後初の原爆実験を行っていた。その後、「危険区域」をビキニ環礁とエニウェトク環礁の海域に設定していた。

三月一日午前六時一二分（現地時間）、第五福竜丸は最後の操業を終了した。乗組員たちは朝食をとり、しばし休息した。仮眠をとる者もいた。

「夜明け直前うっすらと地平線が見えて、六時四五分頃に突然西方に闇空をさいて一瞬目もくらむ閃光が海上を走った。天空が強烈な光線で切りさかれて、光の津波が船上からおおいかかってきた。水平線に太陽の数倍も大きい火球が上がり、急速に巨大化しながらオレンジ色に輝き洋上を真っ赤に染めた。火球は紅赤色から急激に黄白色に変わり、二〇秒ほど天空全体を紅蓮の焔でこがした」（枝村三郎『水爆と第五福竜丸』）

機関室にいた愛吉は丸窓から差し込んできた強烈な光線に「西から日が出たぞ！」と叫んでいた。乗組員たちは一斉に左舷上段のデッキに駆け上って光の方向を眺めた。

巨大なキノコ型の原子雲が天をめがけて上昇していた。地獄のような光景が数分続いたあと、光は薄闇に変わり静寂が戻った。と思った瞬間、海を切り裂くような強烈な衝撃波が船を叩いた。食事中の者は食器を放り投げてひっくり返った。

第五福竜丸の乗組員が遭遇した「西から上った太陽」はアメリカの極秘水爆実験「ブラボー」の爆発だった。ブラボーの威力は広島型原爆の一〇〇〇倍の一五メガトン（TNT火薬で一五〇〇万トン）。第二次世界大戦で使われた爆弾の総計が三メガトンといわれており、その五回分の爆発を引き起こした。

地上二メートルで炸裂した水爆は直径四―五キロメートルの巨大な火球となり、一分後に一四キロメートルの上空に達した。爆心地の珊瑚礁島は一瞬で吹き飛び、直径二キロメートル、深さ八〇メートルのクレーターができた。爆発で吹き飛ばされた三つの島の珊瑚礁の破片は原子雲とともに上空に巻き上げられ、風に乗って東北東の方向へ拡大していった。

アメリカはこの年の三―五月に「キャッスル作戦」としてビキニ、エニウェトク環礁で六回の水爆実験を計画していた。ブラボーが一回目の実験で最大の爆発だった。その後の実験はロメオ（三月二七日）、クーン（四月七日）、ユニオン（四月二六日）、ヤンキー（五月五日、以上ビキニ環礁）、ネクター（五月一四日、エニウェトク環礁）である。

ブラボーは一九五二年一一月一日のエニウェトク環礁で行われた史上初の水爆実験「マイク」に次ぐ二回目の水爆だった。

アメリカの「ズー・セオリー」

戦後、アメリカは太平洋を核実験場に変えた。実験はマーシャル諸島のビキニ環礁(一九四六〜五八年)、エニウェトク環礁(四八〜五八年)を中心にロンゲラップ、ウトリック環礁でも行われた。マーシャル諸島以外のジョンストン環礁、クリスマス島も実験場になった。

南洋群島を日本から奪取したアメリカは、多くの血を流して獲得した島々を永続的に支配下に置くことを決意していた。ミクロネシアはアジアの共産主義勢力を牽制するための軍事的要衝でもあった。ドイツを駆逐した日本と同様に、こんどはアメリカが南洋群島を「海の生命線」としたのだ。

しかし、ミクロネシアを領土化することは、第一次世界大戦後に自国のウィルソン大統領が主張した領土分割反対、非併合の論理に反していた。このため国際連合の「戦略的信託統治」制度を創設し、一九四七年から統治を始める。一般的な信託統治領では軍事基地化は禁止されていたが、アメリカはミクロネシアを強引に「戦略地区」に設定して軍事活動に関してフリーハンドの保証を得た。

アメリカの信託統治は日本の委任統治をなぞるようだった。戦後しばらくはアメリカ海軍が軍政を敷き、四七年に信託統治協定が発効してからは高等弁務官が施政権を握る。しかし、高等弁務官は海軍軍人から任命されていた。五一年に統治機関が内務省に移管されたが、サイパン島、テニアン島、マーシャル諸島の一部は安全保障上の理由から海軍と中央情報局（CIA）が支配した。

アメリカがミクロネシアを軍事的生命線として重視した理由は主に次のようなものだった。

「日本とフィリピンの米軍基地を自由に使用できる保障がない」「ミサイルをはじめとする兵器の近代化により、前進防衛線をミクロネシアまで後退させても支障がなくなった」「アジア大陸からミクロネシアは約三〇〇〇キロ離れているため、中距離ミサイルの攻撃射程外になる」「米国本土―ハワイ―ウェーク―ミクロネシアを結ぶ防衛線を形成できる」「島の散在、および狭小という自然条件が機密保持を容易にするとともに、基地の防衛に大量の地上兵力を必要としない」（松島泰勝『ミクロネシア』）

まさにアメリカの軍事的防波堤であり、有事の場合はまたも捨て石にされる可能性が高かった。そして、アメリカの統治が日本よりも「悪質」と評されるゆえんの「ズー・セオリー」（動物園政策）が敷かれることになる。

日本が南洋群島で製糖業など産業を育成して地域の自立を図った（実質は日本人のための産業だったが）のとは対照的に、アメリカは補助金を与えるだけで、産業奨励政策などはいっさい行わず、島民が経済的に自立する道を閉ざした。「金網で外部世界から遮断し、飢え死にしない程度に餌を投げ与える」（前田哲男『非核太平洋 被爆太平洋』）政策で、北米の対インディアン政策をミクロネシアに導入したのだ。

一九四六年、ビキニ環礁で初の核実験が行われた際、住民一六七人が二三〇キロメートル東のロンゲリック環礁に強制移住させられた。二年後にはさらに二八〇キロメートル南のキリ島に移される。

ビキニとはまったく違う環境で、漁ができなくなり、次第にその習慣、技術が失われていった。人々は自力で食糧を得ることができなくなった。食生活だけではなく、文化そのものが破壊された。

五一年にはクェゼリン環礁の住民がエバイ島に移住させられた。クェゼリン環礁は六〇年代から弾道型ミサイル迎撃の実験場にされた。カリフォルニアの基地から発射されたミサイルをクェゼリンの基地から発射するミサイルで迎撃する実験が行われる。

日本人はミクロネシアの人々を「三等国民」として差別したが、アメリカは「動物」として扱った。餌代の見返りが核実験、ミサイル実験だった。国内では無人の砂漠地帯で行ってきた核実験を人が生活している場でお構いなしに実施した。アメリカにとって南洋の島々は「無主無人の地」であった。

アメリカのほかにイギリス、フランスも太平洋島嶼地域で核実験を行った。欧米のミクロネシア観は一九世紀以前とほとんど変わっていなかったといえる。

「原爆マグロ」のパニック

ビキニ環礁のブラボー爆発に遭遇した第五福竜丸の話に戻る。

爆発で飛び散った珊瑚礁の破片は放射能をおびた「死の灰」となって周辺の島々と海、そして第五福竜丸の上にも降り注いだ。乗組員は広島原爆の爆心地から八〇〇メートルの距離での被曝に相当する二〇〇〇〜三〇〇〇ミリシーベルトの放射線を浴びた。頭痛、吐き気、めまい、下痢などを訴える乗組員が続出する。

第五福竜丸は三月一四日午前五時五〇分、焼津港に帰還した。マグロなど漁獲九・四トンを積んでいた。上陸した乗組員は全員体調不良を訴え、地元の病院で診療を受けた。医師は原爆症と判断し、症状の重い二人は東大病院で診断を受けることになった。

第五福竜丸の帰港後しばらく焼津は静かだったが、「読売新聞」が一六日の朝刊で水爆実験による被曝をスクープ。焼津だけではなく、日本全国が騒然となる。そして世界を震撼させる。

歴史に残る特ダネで、「死の灰」という言葉を造語したことは高く評価されるが、記事には乗組員への偏見を招いた事実誤認があった。

「(乗組員らが)放射能によって全員火傷したまま大して重くも見ず十四日帰国」

「事の重大なのを気づかず、灰のついた服のまま同夜は焼津市内を遊び歩いている」

「強力な放射能をもった〝死の灰〟が国内に持ち込まれて不用意に運ばれているとすれば危険なことである」

突然の放射能禍で漁港・焼津は風評への懸念もあって恐慌状態だった。その原因が第五福竜丸の乗組員の不注意であるかのような印象を与えてしまった。乗組員たちは被害者でありながら激しいバッシングを受ける。

ビキニ事件を長年研究している静岡県藤枝市の郷土史研究家・枝村三郎さんは「焼津では『やっかい船』といわれたんですよ。現在でも焼津のタブーといっていい。第五福竜丸のことを悪くいう漁業関係者は多い。事件の調査をしていると、『寝た子を起こすな』といわれたこともある」と話す。

事件で焼津の漁業関係者は甚大な被害を受けることになった。そのやり場のない怒りが、

「放射能を持ち帰った」第五福竜丸と乗組員に向けられた面もある。

第五福竜丸が水揚げした魚からは高濃度の放射能が検出された。消費者の間でマグロへの不安が広がった。被曝したマグロは「原爆マグロ」「原子マグロ」と呼ばれた。

第五福竜丸から水揚げされたマグロを測定器で調べる科学研究所員と東京都衛生局員（共同通信社）

「三月十六日、焼津市は大さわぎとなった。げんばくまぐろ、げんばくまぐろと、どこへいっても原爆の話をしていました。〔略〕原爆まぐろのため他の魚まで売れ行きが悪くなった。魚やの店頭に大きな太い字で『げんばくまぐろ売っていません』と書いた紙がはってあったが、魚はほとんど売れなかったという話を近所のおばさんなどが話しあっていた」（地元中学生の作文、『ビキニ水爆被災資料集』）

パニックは全国に広がった。三月一八日、水産庁は焼津のほか築地、三崎、清水、塩釜の五港を遠洋漁業陸揚げ港に指定し、厚生省が放射能検知器の設置を決める。同日、築地に入港した漁船から放射能が検出された。

一九日、マグロだけではなく魚全体への不安が広がり、売れ行き不振のため築地のセリが休止になる。水産庁はマーシャル諸島の水域を水爆危険海域に指定した。

ビキニ水爆実験初の犠牲者

世界中で核実験への非難が高まるのを抑えたいアメリカは、さかんに被害を過小評価する情報を発信する。あげく、アメリカの原子力委員長が第五福竜丸乗組員を共産主義国のスパイ視するような発言をした。当時の岡崎勝男外相はこの発言を否定せず、警察が乗組員の身元調査まで行った。

四月になると全国各地の港に入港してくる漁船から次々と放射能が検出されるようになる。被曝したのは第五福竜丸だけではなかった。死の灰を浴びながらも水爆実験に気づかず操業を続けていた漁船もあった。また、第五福竜丸の騒動を見て、さらなる風評被害を恐れて被曝を隠していた漁船もある。実際に被曝した船は一〇〇〇隻を超えると推定されている。

アメリカは五月一四日のエニウェトク環礁での水爆実験「ネクター」までキャッスル作戦六回をすべて実施した。このため放射能汚染は広範囲に広がった。同月以降夏にかけて、北海道から沖縄にいたるまで放射能雨が降ったことが確認された。放射能の雲は太平洋を渡って日本全国を覆っていた。それは太平洋の海が汚染されたということでもある。

五月一五日、農林省水産講習所の練習船・俊鶻《しゅんこつ》丸がビキニ海域での海洋汚染調査のため科学者二二人を乗せて東京・竹芝桟橋を出港した。同月末、俊鶻丸はビキニ環礁から東へ一〇〇〇キロメートルの海域で海水に一五〇カウント、プランクトンから一グラムあたり一万カウントの放射能を検出した。六月中旬、俊鶻丸はビキニ環礁まで一五〇キロメートルの最大汚染区域に突入する。

「プランクトンも稚魚もメバチも、ビンガナも、今日のはえ縄でとれた魚は全部汚染していた。キハダの内臓からは八五五〇カウントさえあった。ガイガーはとてつもない死の灰のカタマリのような魚にあって、計測が不能になるのではないかという猛烈な音の鳴りづめだった。〔略〕南の楽園は本当に死の海になっている。国境のない魚は水爆の恐怖も知らずにこの海中を泳いでいる」（駒野鎌吉・谷口利雄『われら水爆の海へ――俊鶻丸ビキニ報告』）

ビキニ環礁近くの汚染された海水は幅数十キロから数百キロのベルト状になり、海流にのって西のほうに移動していった。海中のプランクトンは放射能に汚染され、それを食べる魚も汚染し、内臓に放射能が濃縮された。

五四年八月末、国立東京第一病院に入院していた久保山愛吉の容体が深刻になった。急性放射能症による肝臓障害、黄疸などにより意識不明の重体に陥ったのだ。

九月四日、奇跡的に意識が回復する。しかし、一七日になって食欲不振、肺炎、心臓衰弱の症状を示し、二〇日危篤状態となる。そして二三日午後六時五六分に帰らぬ人となった。

四〇歳。ビキニ水爆実験初の犠牲者だった。愛吉は戦時中、徴用監視艇の乗組員として日本国家の海の捨て石にされかけた。幸運にも難を逃れ戦後一〇余年を生きた末、アメリカが捨て石としたマーシャル諸島の水爆の海に引き寄せられた。愛吉は日米どちらかの「生命線」の人柱になる運命だったのだろうか。

死の灰を浴びたマーシャル諸島の住民

アメリカはキャッスル作戦の二年後の一九五六年五月から七月にかけて、再びビキニ環礁とエニウェトク環礁でレッドウィング作戦と称する核実験を一七回も行った。さらに二年後の五八年五月から八月のハードタック作戦で三二回（！）もの核爆発を実施した。両環礁はアメリカの「核の射爆場」として完全に破壊され、汚染し尽くされた。

アメリカが日本から南洋群島を奪取して十数年。南洋の島々に生きる人々は軍事機密の檻のなかで飼い殺しにされ、マーシャル諸島の美しい海と珊瑚礁は死の世界に変わってしまった。アメリカの支配はスペイン、ドイツも含めて過去のどの支配者よりも残酷だったといえよう。

ビキニ水爆実験・第五福竜丸事件は広島、長崎の原爆の悲惨な記憶が生々しかった日本人に衝撃と恐怖、怒りを呼び起こした。その結果、原水爆禁止運動へと発展していくが、当初は運動のなかで忘れられた被害者がいた。

原水禁活動に関わった経験のある枝村三郎さんは「原水禁運動がマーシャル諸島の人々を視野に入れるのは、運動が始まってからかなり時間が経過してからだった」と振り返る。政治的な力を持たず、発言力もない島の人々は同じ被害者のなかでも「忘れられ」「捨てられた」存在だった。ビキニ事件で日本人の被害にしか目を向けないなら、同胞の玉砕・集団自決だけで戦争の悲惨さを語り、島民の犠牲を無視するのと同じことになる。マーシャル諸島の住人の受難についても触れておきたい。

一九四七年一二月二一日、エニウェトク環礁の住民一三六人が南へ二三〇キロメートル離れたウジェラン環礁に移住させられた。面積は故郷の四分の一しかない無人島だった。食糧の自給は無理で、外部からの補給に頼るしかない。翌四八年四月からのサンドストーン作戦でエニウェトク環礁は核の射爆場となり、環礁の北部は永久に人が生活できなくなった（一九七〇年代以降、環礁南部には一部住民が帰還している）。

その後、エニウェトク環礁ではグリーンハウス作戦（五一年四〜五月）、アイビー作戦（五二年一〇〜一一月）の二つの核実験が行われた。ビキニ環礁ではこれより先に戦後初の核実験クロスロード作戦（四六年六〜七月）が行われていた。

五四年、第五福竜丸が被曝したキャッスル作戦が行われるが、それまでにビキニ、エニウェトク環礁で四つの核実験作戦があり、一一回の核爆発があったにもかかわらず、マーシャル諸島の住民の被害はまったく知られることがなかった。

五四年三月一日に水爆ブラボーが炸裂したとき、死の灰は日本の漁船だけではなく、爆心地から一八〇キロメートル東のロンゲラップ環礁の八二人、五〇〇キロ東のウトリック環礁の一五七人、計二三九人の住民の上にも降り注いだ。

日本統治時代に船員として日本に行った経験のある住人は「日本で見た雪のようだと思った」と語っている。実際、ロンゲラップ環礁は一面雪景色のようだったという。子供たちは「白い粉」を体に付けて遊んでいた。死の灰を浴びた住民にはこの日の夕方から体の痛みや吐き気、発熱など急性放射線症の症状が現れ始めた。その後の調査でロンゲラップ環礁の人々は「亜致死量」の放射線を浴びたと診断された。

ウトリック環礁では水爆実験の翌日、死の灰が白っぽい粒子の霧となって住民を包み込んだ。やはり夕方になって気分が悪いと訴える住民が出た。

　ブラボーの死の灰は風の流れで東方向に広く拡散し、汚染面積は一万七九二〇平方キロメートル（四国とほぼ同じ）だった。ロンゲラップ環礁の住民居住地では一年間で四〇五ラド（半数致死量）の残留放射能が観測された。両環礁の住民は実験三日後にはクェゼリン環礁の米軍基地に収容されたが、事前に避難させなかったことがのちに批判される。

　被曝した住民の初期症状はやけど、脱毛、激しい下痢などであった。また白血球の急激な減少も見られた。その後、住民には甲状腺障害やがんの発症率が高いことが確認され、障害児の出産や流産、死産の増加も報告されている。

　核実験は放射線症という直接的被害のほかに、地域住民の食生活や伝統文化の破壊をもたらした。食物連鎖により魚や動物などに放射性物質が濃縮されるため、漁で獲った魚を食べることができなくなった。住み慣れない移住先でカヌーによる漁の習慣も廃れた。住民はアメリカから援助されたジャンクフード漬けとなった。肥満による糖尿病などの生活習慣病が深刻な問題になっている。

　マーシャル諸島は一九八六年、アメリカに安全保障の権限を委ねる自由連合協定を結んで〝独立〟した。その後、協定に基づき核実験被害を補償する基金が設立された。アメリカはビキニ、エニウェトク、ロンゲラップ、ウトリックの四つの環礁の住民に対して核実験による被曝を認め、約六七〇〇万ドルを直接賠償金として支払った。しかし、基金設立をもって将来の賠償には応じないという姿勢も明確にした。

一九九四年、マーシャル諸島政府は核廃棄物貯蔵施設を誘致する計画を発表した。翌年、同国政府は日米と韓国、台湾に施設建設調査に参加するよう呼びかけたが、日米は環境への影響と核廃棄物の海上輸送のリスクが大きいことなどから調査への参加を断った。台湾は前向きだったが、九七年の太平洋諸島議員連合の首脳サミットでミクロネシア連邦が強く反対したことなどから核廃棄物貯蔵施設建設は実現しなかった。

核実験の最大の被害者でありながら、核廃棄物を自国に呼び込むことで生きる道を模索したマーシャル諸島。皮肉な現実だが、「三等国民」「動物」として自立を妨げられてきた南洋の島々の歴史を踏まえてみれば、そのような判断を強いた者の責任こそ大きいのではないだろうか。

第七章　「南洋帰り」の戦後

「南洋帰り」に対するやっかみ

沖縄では南洋群島から引き揚げてきた人たちを「南洋帰り」と呼ぶ。引き揚げ者同士だと南洋での豊かな暮らしの想い出、悲惨な戦争、引き揚げ後の苦労などを分かち合える同志的な響きがあるという。

南洋暮らしを経験していない人が「南洋帰り」というとき、そこには幾分やっかみめいた意味も込められている。戦前の移民は出稼ぎ意識が強く、「南洋でひと稼ぎ」して故郷に帰還し、豊かな生活を送る人も少なくなかった。「南洋もうけ」といわれ、仕送りで家を建てた例もあった。「南洋帰りはお金持ち」という印象を持つお年寄りもいる。

彼ら南洋帰りも年々少なくなっていく。南洋群島の悲劇の歴史は引き揚げ者の大半を占めた沖縄でも忘れられつつある。記憶の継承は容易なことではない。

第一章の冒頭で紹介した石垣島の八重山平和祈念館が開催した企画展「南洋の群星《ムリブシ》が見た理想郷と戦《イクサ》」は、沖縄の若い世代によって実現した催しだった。

同館の嘱託員・迎里円さんが南洋帰りについて強く意識したのは二〇一三年の秋だった。二〇歳代半ばの迎里さんには当然ながら南洋群島についての深い知識はなかった。同館を訪れたお年寄りから南洋の話を聞いて、ハッとさせられたという。

「沖縄戦の前に同じような悲劇があったのに、それを通り過ぎてきたことに気がつきました。八重山は地上戦がなかったので沖縄本島とは違うと思っていましたが、石垣島にも南洋の玉砕戦経験者が多いことを知りました」と話す。

迎里さんが発案し、同館では二〇一四年五月末から企画展「旧南洋群島へ渡った沖縄県人」を開いた。迎里さんは「南洋の出来事は沖縄でもあまり知られておらず、生き証人が少なくなっています。今のうちにやるべきだと思いました。沖縄本島の地上戦が凄惨だったので、自分たちの苦難を口に出せなかった南洋帰りの人たちもいたと聞いています」という。

同館での「旧南洋群島へ渡った沖縄県人」開催を機に、沖縄本島の沖縄県平和祈念資料館でも二〇一四年一〇〜一二月、「南洋の群星が見た理想郷と戦」が開催され、より多くの人が南洋群島の歴史を知ることにつながった（「南洋の群星が見た理想郷と戦」は八重山平和祈念館に戻る形で、一五年一〜二月に開催された）。

民間抑留者に課せられた死体の処理

サイパン玉砕の悲劇はよく知られているが、そこで生き残った人々のその後について語られることは少ない。そして日本が退場したあとの南洋の島々についても知っている日本人はごくわずかだろう。最終章では南洋群島の戦後について述べたい。

一九四四年七月に終結したサイパン戦は民間の日本人の半数が死亡する悪夢の戦いであった。それでも半数は生き残ったということだ。彼らはアメリカ軍の捕虜となり、軍人軍属とは区別され民間抑留者として収容所で暮らすことになった。

ススッペのキャンプに日本人約一万四〇〇〇人、朝鮮人約一三〇〇人、島民約三二〇〇人が収容された。日本人収容者の八割が沖縄県出身者だった。テニアンのチューロキャンプにも一万人近い日本人民間人が収容されていた。

収容所は間口三間、奥行き六間ほどの掘っ建て小屋に二〇人から五〇人が詰め込まれ、必要最低限の生活必需品のみが支給された。食事は米、梅干し、イワシやクジラの缶詰などだったが、「大半は、日本軍が長期戦に備えて隠匿・貯蔵していた物資で、どこにこれだけの食糧があったのかと驚かされるばかりだった」（野村進『海の果ての祖国』）。

パラオでも戦後に軍の隠匿食糧が大量に見つかり、四章で紹介した沖縄パラオ友の会代表の田中順一さんは「これだけの食糧があれば何千の人々が餓死せずにすんだ」と嘆いていたが、南洋群島各所で同様のことが行われていたのだろう。

収容された民間人には仕事が与えられた。男の主な仕事は死体の処理だった。日本人軍民の死体をブルドーザーで掘った穴に埋める。

「炎天下、猛烈な腐臭の中、人間の形をとどめていないものや、ぱんぱんに青黒くふくれ上がったものを、引きずって穴に放り込む。引っ張った死体の腕が、付け根からずるりと抜け落ちるようなこともあった。人間も、牛ややぎの死骸も、なにもかも一緒くただった。こうして、一つの穴が一杯になったら、ガソリンをぶっかけて火をつける。炎にあおられて死者たちが反り返ったり、手足を跳ねあげたりする様は、人間の焼け焦げる臭いと共に、記憶に染みついた」（前掲『海の果ての祖国』）

死体の埋葬は収容所内でもあった。体力のない子供や老人が死んでいく。多いときで一日三〇人以上、毎日平均一〇人近くの死者が出た。死体は五、六人まとめて一つの穴に埋葬され、満足な墓標も立てられなかったという。

作業は死体処理のほか、米軍兵舎の清掃、建築資材の運搬、農作業もあった。女の作業は炊事が中心だった。

ほとんどが沖縄県人の収容所では余暇の時間、缶詰を使った「カンカラ三線」で沖縄民謡などがよく歌われた。『南洋数え唄』というのが流行った。

ひとつとサーノエー
広く知られたサイパンも

今はメリケンの旗が立つ
情けないのよ、あの旗は

数え唄の最後は「いつも来る来る日本軍／来る時期早いかまだ来ない／お待ちしましょうよ、皆さまよ」と歌われる。人々はサイパンでは敗れたが、日本が降伏するなどとは夢にも思っておらず、日本軍が救出に来ると信じていた。

南洋での「勝ち・負け抗争」

一九四五（昭和二〇）年八月一六日、一日遅れで米軍のサイパン放送局が放送した天皇の玉音放送がスピーカーで収容所内に流された。しかし、雑音が多かったので理解できた人は少なかったという。しばらくすると九月二日の戦艦ミズーリ艦上での降伏調印式のニュース映画などが収容所内で上映された。「アメリカの謀略だ」といって信じない人が大半だった。

しかし、日本の敗戦は事実だと認識する人が徐々に増えていった。そのため不幸な事件が起きる。日本の負けを認めない「勝ち組」と敗戦を受け入れる「負け組」の争いである。「勝ち・負け抗争」はブラジルでの出来事が有名だが、戦後は中南米、ハワイなど日本人移民のいるところではどこでも起きていた。南洋群島とて例外ではなかった。そして、勝ち組が圧倒的多数派であることも共通した特徴だった。

「日本の負けをいう者は米軍のスパイである」としてにらまれ、暗殺隊が組織された。ブラジルと同様の勝ち組による負け組の襲撃、殺人事件が何件か起きている。日本に引き揚げるまで敗戦を信じなかった人も多い。

サイパン戦では親が戦死したり、集団自決で生き残った戦災孤児が多数出た。孤児は収容所内で邪魔者扱いされるなど差別があったという。このため所内で孤児院が設けられた。初期のころは食糧不足による栄養失調で亡くなる子供が多かった。

「小さな囲いがありました。小さな子供だけが収容されていました。『遊んでいるのかなぁ』と思ったら、大きな目をあけたまま死んでいる者、目の前で『バタバタ』と死んでいく者もいました。ここに収容された孤児は、山に捨てられていたのを、米兵が拾ってきたという孤児でした」（『市民の戦争体験記』具志川市教育委員会編）

その後、環境を整えた「サイパン孤児院」が開設された。児童数は一三七人（うち沖縄出身者が一〇四人）、職員一六人だった。収容所には約四〇〇〇人の孤児がいたが、多くは里親に引き取られた。引取り人のいない子供が孤児院に残った。

サイパン、テニアンの収容所には米軍によって日本人学校が設立された。四六年一月当時、サイパンの日本人学校には約三三〇〇人の生徒が在籍していた。授業は日本人教員が担当し、運動会などの行事も行われていた（沖縄県平和祈念資料館企画展資料『南洋の群星が見た理想郷と戦』より）。

米軍には「一〇年以上南洋群島に居住した者は島に残ってもよい」という意見もあった。とくに「内地に身寄りのない者」で「沖縄出身者に限る」という条件があった。しかし、在籍年数その他の条件に関わらず日本人を南洋群島から全面退去させる方針に変わった。米軍には南洋群島を軍事基地化するもくろみがあり、防諜のためでもあったとみられる。日本人移民は南洋で築いた財産も家族の遺骨も残して去らねばならなかった。

敗戦後の殺伐とした空気

南洋群島からの引き揚げは四五年一〇月二四日のヤップ島から始まり、四六年五月七日のテニアン島発まで続いた。総引き揚げ者は約六万人。原則は「本籍地」への帰還だった。引き揚げの際、米軍は内地の日本人、沖縄県人、朝鮮・台湾人を区別して管理した。沖縄県人は日本人とは別の被抑圧民族とみなされていた。本土ではGHQが「奄美と沖縄出身者は非日本人」として扱った。

南洋群島から日本本土に引き揚げた内地出身者は約二万人、沖縄県人は約三万三〇〇〇人、朝鮮人約七七〇〇人、台湾人約五五〇〇人、中国人約一四〇人。南洋群島からの引き揚げ者の半数以上が沖縄に帰ったことになる。

帰還者は米軍の軍艦やLST（揚陸艦）に乗せられて「郷里」に直行した。サイパンでは四六年一月九日から引き揚げが始まり、本土には一〇日ほどで到着した。南洋から真冬の日本への帰還だった。多くの帰還者が「寒さがもっともつらかった」と証言している。

敗戦後の日本社会は人々が生きていくのに精一杯で、殺伐とした空気が漂っていた。南洋も含めた引き揚げ者の苦難への理解と同情に乏しく、「ヒキアゲシャ」という言葉には偏見や差別が込められていたという。身一つで引き揚げてきた者に世間の風は冷たかった。帰還者が感じた寒さは気候だけではなかった。

沖縄への引き揚げ者の大部分は沖縄本島南部東岸の中城村久場崎港に上陸。港から四キロメートルほど離れたインヌミヤードゥイ（インヌミ）収容所に数日収容されたあと、出身地に送還された。しかし、家族全員を失った孤児など帰る故郷のない引き揚げ者もいた。行き場のない引き揚げ者のためコザに「南洋部落」が形成され、一年ほど生活した。施設や物資は米軍が提供した（今泉裕美子「南洋群島引揚げ者の団体形成とその活動」）。

ちなみに戦後海外からの引き揚げ者の総計は六五〇〇万人ともいわれている（軍人三〇〇万人、民間人三五〇万人）。沖縄にはおよそ一七万人が引き揚げた。敗戦時の沖縄県の人口が約三〇万人であった。沖縄戦で荒廃のきわみにあったところ、新たに人口の半数以上の引き揚げ者が加わった。当時の大混乱ぶりは想像を絶する。

しかし、それゆえに沖縄では本土と違って引き揚げ者は疎外されなかったともいえる。沖縄戦で成年男性の人口が激減していただけに、引き揚げ者は貴重な労働力となった。また、南洋群島引き揚げ者は沖縄本島の住民よりも一足先に米軍施政下の収容所生活を経験しており、そこで得た経験や英語の知識を生かし、沖縄社会に貢献することができた。

戦時の一九四四（昭和一九）年四月、南洋からの引き揚げ者を支援する組織「南洋群島共助義会」が設立された。初代の会長は南洋興発の松江春次だった。戦後、同会のもと各地区に援護会ができた。マリアナの「南星会」、パラオ「共進会」、トラック「都南互助会」などだ。

具体的な援助事業は「物資の交付」「援護対策としての会社設立」「就職あっせん」「育英事業」などであった。設立された会社には集団帰農地の南洋群島帰還者に農機具や生活資金を貸し付けるなどして支援する「共南有限会社」という企業があった。

南洋の帰還者が入植した開拓地は全国で一〇カ所ある。北原尾（宮城県遠刈田村）、松興（福島県猪苗代町）、大楠山（神奈川県葉山町）、富勢村（千葉県東葛飾郡）、豊福（熊本県豊福村）、朝日（宮崎県加久藤村）、西環野（宮崎県小林町）、瀬田尾（同）、南原尾（鹿児島県中種

子村と南種子村に二ヵ所）だ。原尾という地名はパラオからの帰還者が入植したことにちなんでいる。

南洋群島共助義会は四七年に財団法人共助義会、五六年財団法人南洋群島協会へと改組される。会の存立意義は帰還者支援や旧南洋群島での遺骨収集・慰霊事業であったが、別の大きな目的があった。それは日本が講和条約に調印して独立後、南方への再進出をめざすというものだった。

一方、南洋からの引き揚げ者の大半を占める沖縄県では独自の支援組織が生まれた。もっとも重要だったのが四八年二月に設立された「南洋群島帰還者会」である。会は一七歳以上の南洋群島帰還者で組織された。再移民を果たして南洋群島を再開発し、沖縄の人口問題を解決、経済発展に貢献するという目的をかかげていた。

南洋再移民熱は下火に

戦争で荒廃した日本社会は貧しく、南洋に限らず海外への移住を志す人々が少なくなかった。とくに沖縄県は大量の引き揚げ者によって人口過剰問題が深刻だった。沖縄戦による土地の荒廃に加えて米軍による接収により、耕作可能地が戦前の三分の二に至らない状態だった。

引き揚げ者の生活は貧しかった。厚生省によるサイパンからの引き揚げ者三七三〇世帯の調査（実施時期は戦後一〇年を過ぎた一九五六年）によると、六割が農業従事者で収入はきわめて低く赤字経営だった。戦前のソテツ地獄の記憶もあり、将来への不安が大きかった。

南洋群島からの帰還者には戦争の悲惨な体験があるものの、戦後の国内とは比べものにならない南洋での豊かな暮らしへの郷愁もあった。五〇年三月に沖縄海外協会が行った海外移民希望者調査では、引き揚げ者数に相当する約一七万人が移民を希望していることがわかった。当時の沖縄県の人口の二四パーセントにも上る数だった（大原朋子「戦後沖縄社会と南洋群島引揚者」）。

もともと南洋への再移民の話は引き揚げ以前からあった。米軍のテニアン占領後、アメリカの企業が沖縄県出身者を労働力とした大農園を計画しており、テニアンの「県人指導者」と合意していたという。ただ、沖縄出身者たちはいったん沖縄に戻って家族などの安否を確認してから再渡航を希望したため、この計画はすぐには実現しなかった。

それでも企業側は半年から一年以内に沖縄出身者をテニアンに呼び戻したい意向を示した。テニアンをはじめとするミクロネシア各島を軍事基地化するアメリカの戦略上、大農園計画の実現性は低かったが、このような動きが再移民への希望を持たせ、帰還者会は設立当初から要請活動を展開していくことになる。

結成から数年間、南洋群島帰還者会は米軍当局に南洋への再移民を要請し続けた。米軍からの回答は「希望はかなえられる。時期が来るまで待て」というものだった。琉球政府もアメリカの民政当局と折衝を続けた。五三年四月にアメリカからもたらされた初めての回答は移民に前向きなもので、そのための調査を指示していた。

そして実施された調査（南洋群島引き揚げ者の九割近くがこの調査に協力）の結果、実に九四パーセントが南洋への再渡航を希望していた。回答者の四割が生活の困窮を訴えており、移民願望の大きな要因だった。

調査の結果を受け、南洋群島帰還者会は再移民要請活動を推進するが、その後大きな進展はなく、五八年になってアメリカ側から琉球政府に再移民を不可とする回答がもたらされた。

不可の理由は「〔旧南洋群島が〕国連の信託統治領でアメリカの一存だけでは決められない」「アメリカ国務省が管理して原住民の福祉を考慮している」「海軍基地は国務省《ママ》管轄下である」「沖縄人の移民を許せば日本からの進出も考えられる」であった。

先にも述べたように、アメリカのミクロネシア統治方針は軍事的要衝として同地を「海の生命線」とすることで、その見返りとして住民には援助という「餌」を投げ与える「動物園政策」がとられていた。大量の沖縄移民を受け入れ、再開発と産業奨励によって経済的に自立した地域に発展させようという発想はそもそもなかったのだ。

移民への道が事実上閉ざされたことから、南洋群島帰還者会の活動目的は「再移民」から「慰霊」へと変わっていく。沖縄社会全体も一九六〇年代から本土復帰へと傾斜しており、南洋再移民熱は下火になっていった。

親日感情の正体

一九六三年一二月、帰還者会は那覇市の識名霊園に「南洋群島沖縄県人戦没者並開拓殉難者慰霊碑」を建立。太平洋戦争中に南洋で犠牲になった沖縄県人一万二八二六柱を合祀した。以降、毎年六月二三日の「沖縄慰霊の日」(沖縄戦の組織的戦闘が終結した日)に慰霊碑前で慰霊祭が開催されている。

五年後の六八年五月から六月には戦後初の南洋群島墓参がサイパン、テニアンで行われた。参加したのは南洋群島からの引き揚げ者と島での犠牲者の肉親五五人。サイパンでは慰霊碑「おきなわの塔」の除幕式と慰霊祭が開かれている。おきなわの塔はスーサイド・クリフとバンザイ・クリフの中間にあり、現在は一九七四(昭和四九)年に日本政府が建立した「中部太平洋戦没者の碑」が並んで建っている。

日本からの慰霊団の受け入れには現地住民が様々な形で協力した。慰霊碑の建立と管理は住民の力なくしてはなしえない。顕著な活動を行ったのが「パラオ・サクラ会」という組織だった。

サクラ会は島民と日本人の混血児を中心として一九六〇年代半ばに設立された。会の目的は「日本からの慰霊団の受け入れ体制を整える」「日本にいるはずの混血児の肉親を探す」「混血児同士で相互扶助を行う」ことだった（飯高伸五「旧南洋群島における混血児のアソシエーション――パラオ・サクラ会」）。

パラオでの慰霊碑建立には土地用益の許可申請が必要だったが、コロール島の日本人墓地やペリリュー、アンガウル島の慰霊碑のための諸手続きはサクラ会が行った。また、当時容易ではなかった日本人の渡航に対しても、宿泊施設の手配など様々な便宜を図った。

混血児が中心の組織ということもあって、日本人へのシンパシーがあったのは確かだが、パラオの混血児にとって日本へ引き揚げた親族との関係を再構築する願望もあったという。

現在のミクロネシア連邦では全人口の二割が日本人の血を引いているといわれるように、日本統治時代には混血児が多数存在した。ほとんどが日本人男性と現地女性との間に生まれており、その逆はきわめて少ない。

一九三三年四月時点の記録によると、パラオの島民学校であるコロール公学校では本科の全児童一二四人中一一人（八・九パーセント）が混血児だった。彼らは日本人でも島民でもない立場に置かれ、差別などで苦しんだ。日本敗戦の際、日本国籍のなかった混血児は引き揚げる父と別れ、母とともに島に残った。サクラ会の目的の一つに日本の肉親捜しがあるのは、そのような事情からだ。

慰霊団が旧南洋群島を訪問し始めて間もないころは、サクラ会の親身な活動を目の当たりにした日本人の間に「サクラ会は親日家の組織」という言説が広まった。それが「パラオは親日国」という印象につながっていった。

サクラ会についての研究論文を著した飯高伸五氏は「慰霊団の受け入れは、混血児の持つ出自や親日感情からではなく、肉親捜しや相互扶助など混血児側の現実的な必要性」からだと述べている。

もちろん、アメリカの動物園政策と比較してまだましだった日本統治を懐かしみ美化して語る島民がいるのは確かだ。しかし、飯高氏は「それは親日感情のあらわれとはいえない。かれらもまた、戦後の歴史過程のなかで日本統治経験を解釈、再解釈している」という。

旧南洋群島の人たちが日本人に笑顔を振りまいてくれるからといって、それを単純に「親日」と受け取り、過去の統治の自賛に結びつけるなら、あまりにも浅はかで独りよがりといわなければならない。

不誠実な日米の損害賠償

現地住民は一九五〇年代から日米の戦闘でミクロネシアが被った損害に対して補償を求める運動を始めていた。このころ国際連合の信託統治理事会は三年ごとに視察団をミクロネシアに派遣していたが、そのつど住民代表が損害賠償問題を訴えた。視察団報告書では戦災賠償問題の解決が遅れていることへの憂慮が書き込まれた。

信託統治理事会は再三、問題解決のため日米交渉を進めるようアメリカに要請。六五年に創設されたミクロネシア議会は六八年、国連に日本のミクロネシアに対する戦時補償の促進を求める決議を採択した。

国連からの勧告を受け、日米両政府は賠償問題解決のための交渉を始める。しかし、この交渉は被害者であるミクロネシアの代表抜きで進められた。

六九年四月一八日、東京で戦時補償問題について日米間の「太平洋諸島信託統治地域に関する日本国とアメリカ合衆国との間の協定」(通称ミクロネシア協定)が締結された。同協定は同年七月七日に発効する。

協定の前文には日米両国が「住民の戦争中に被った苦痛に対し同情の念を表明し、住民の福祉のために自発的拠出を行う」と記された。「謝罪」ではなく「同情」であり、「賠償」ではなく「自発的拠出」を行うというのだ。

そして日米は五〇〇万ドル（日本は円に換算して一八億円）を供する。これにより「日本のミクロネシアに対する財産、請求権、ミクロネシアの日本に対する財産、請求権のすべての問題は、完全かつ最終的に解決されたことに合意する」こととされた（矢崎幸生『ミクロネシア信託統治の研究』参照）。

謝ることも賠償するつもりもないが、同情はしているので資金は提供する。払わなくてもいいのだが、あえて自発的に出すものだ。これですべての問題は解決したので、今後何を請求しようとも応じない。こういうことがミクロネシアの人々が関与しないところで決められ通告された。

日本政府の見解はミクロネシアが戦時中、国際連盟の委任統治条項に基づいて「わが国の構成部分として」統治されていたので、国際法上なんら戦争損害賠償に応じる責任はないというものだった。国内の空襲被害者が国に賠償を求めた際、それをはねつけた「戦争を遂行した国民として等しく受忍すべき被害」という論理と同じである。

首をかしげざるをえない理屈だ。ミクロネシアの人々は日本統治期間中、正式には「日本国民」と認められなかった。戦後、手のひらを返して「いや、国民だったから我慢しろ」ではたまったものではないが、貧しく政治的発言力のないミクロネシアの人々は受け入れざるをえなかった。

軍事基地提供の見返りが援助金

その後のミクロネシアの独立までの経緯についても簡単に触れておきたい。

ミクロネシアは当初、一つの国家として独立する道があった。一九六五年に上下両院からなるミクロネシア議会が発足したのも、一つの国家となることが前提であったからだ。七〇年ごろからアメリカと独立に関する交渉が始まり、ミクロネシア側は外交権など主権を確保した政体を要望した。これに対し、アメリカは主権を持たない自治領を提案した。

資源も産業もないミクロネシアはアメリカとの自由連合協定により、軍事基地を提供する見返りの援助金が「生命線」であった。この援助金の配分をめぐってミクロネシアはミクロネシア連邦、マーシャル諸島共和国、パラオ共和国、北マリアナ諸島自治領の四つに分裂する。

現在、ミクロネシア連邦とマーシャル諸島共和国は国内総生産（GDP）の四割、政府予算の半分近くを援助金が占めている。パラオはGDPの二倍、政府予算の四倍にもなる。

ミクロネシア連邦、マーシャル諸島共和国は一九八六年にアメリカと自由連合協定を結び独立。軍事権と軍事権にかかわる外交権をアメリカに委ねる半植民地状態の継続だった。

パラオ共和国は八一年に非核条項を含む憲法を発布。自由連合協定を結ぶにあたって、この非核条項により軍事利用に支障が出るため、アメリカから修正を求める政治的な〝圧力〟があった。国内は非核・米軍基地反対派と自由連合協定賛成派に分断され、テロや騒乱事件が起こるなど、八〇年代は騒然とした状況だった。

九二年、「憲法の非核条項はアメリカとの自由連合協定には適用しない」と修正される。九三年の国民投票の結果、自由連合賛成が過半数を超えたため、翌九四年一〇月にミクロネシア連邦などと同様の自由連合国として独立した。防衛権はアメリカに委譲し、多額の援助金を受け続けている。現在、パラオに米軍基地はないが、有事には核の持ち込みが可能だ。

北マリアナ諸島は他の三地域のような独立をめざさず、アメリカの自治領となることを選択した。軍事・外交・経済すべてをアメリカに依存している。マリアナ諸島にはアメリカの軍事拠点グアムも含まれており、同諸島はアメリカの軍事的「生命線」であり続けている。

消えゆく生き証人

南洋群島からの引き揚げ者の話に戻る。

一九六九年の日米によるミクロネシア協定締結で、それまで立ち入りが制限されていたミクロネシアへの渡航が自由化された。これにともなって日本からの観光客のほか、遺骨収集、慰霊団の訪問も活発になっていった。

一九七〇年代に入ると、四〇歳代から五〇歳代となった移民二世世代を中心に、南洋群島帰還者会傘下の各島別の会が結成され、それぞれの慰霊活動を行うようになった。結成年代順にいうと、テニアン会（一九七八年）、ロタ会（八〇年）、サイパン会（八二年）、パラオ会（八四年）、ポナペ会（八六年）である。

各会の活動は慰霊行事にとどまらず、戦争の記録と記憶を書き残す「継承作業」にも及んだ。そのなかでも白眉は八六年の慰霊の日（六月二三日）に発刊された『サイパン会誌　想い出のサイパン』である。サイパン戦を体験した人たちによる玉砕・集団自決の生々しい体験談が数多く収められており、貴重な歴史資料になった。

旧南洋群島で家族、財産を失った民間人は「日本国民として等しく戦争の被害を受忍」することを強いられてきた。しかし、サイパン、テニアン戦から七〇年近くたった二〇一三年八月一五日になって、沖縄県出身の被害者・遺族で組織する「沖縄・民間戦争被害者の会」が国を相手に一人あたり一一〇〇万円の損害賠償を求める訴訟が那覇地裁で提起された。

原告は「住民が死傷したのは、国が戦争回避や非武装地帯設定などの義務を怠ったり、玉砕命令を出したりした結果で、国の国民保護義務に違反する」「国は南洋群島戦遂行という政策により民間人の生命身体を特別な危険状態にさらした責任を負うべき」と主張した（「琉球新報」より）。

一般戦争被災者の賠償請求としては、東京大空襲の被災者も二〇〇七年に国家賠償訴訟を起こしている。一、二審で敗訴し、二〇一三年の上告審棄却で原告敗訴が決定した。裁判所は国が主張する「受忍論」を肯定しており、沖縄の訴訟も原告が勝訴する可能性は低い。

だが、これらの訴訟は、国家は民間人が戦争に巻き込まれても軍人のように補償せず、「捨て石」に甘んじるように強いることを教えている。

二〇〇九年五月、六八年以来毎年行われてきたサイパン、テニアンでの現地慰霊祭が四〇回を区切りに終了した。南洋からの帰還者の高齢化が進み、運営が難しくなったことなどが理由だった。ただ、これ以降も規模を縮小した「慰霊と交流の旅」として、二〇一五年まで現地慰霊祭は続けられている。

南洋群島帰還者会は毎月定例理事会を開催しており、サイパン会、パラオ会など各会の代表が出席して慰霊行事など会の活動、運営について話し合っている。

筆者は二〇一五年二月二一日の理事会を取材させてもらった。理事会は二〇人ほどで構成されている。サイパンで地獄を経験した上運天賢盛さん、横田チヨ子さんの顔も見える。ただ、高齢化で体調が優れない人も多く、欠席が目立った。

理事会ではテニアン島で米軍演習施設が建設されるため、日本時代の施設が一部消滅する恐れがあることが報告された。テニアン会の宜野座朝美会長は「外国の地なので、こちらからどうこういうことはできず見守るだけだが、深刻に受け止めなければ。日本時代の記憶が消えていってしまう」と嘆いていた。

戦前の〝遺跡〟だけではなく、生き証人もいつか消えていく運命にある。

企画展資料『南洋の群星が見た理想郷と戦』には「記憶を紡ぎ未来へ繋ぐ」として、二〇一四年にサイパンでの慰霊祭に参加した昭和元年生まれの「神里おばー」こと神里エツさんの話が紹介されている。神里さんはサイパンで家族全員を亡くした。体には砲弾の破片による傷痕が無数に残っている。

「昔は、日本軍が陣地作りや糧秣運びにといって地元のチャモロ人を奴隷のようにこきつかっていたよ。〔略〕だから戦争がはじまったら、チャモロ人は日本軍の糧秣の場所や地雷の場所をすぐにアメリカ軍に教えよった」

このような日本人として耳に心地よくない証言もしっかりと受け止め、未来への教訓にできるかどうか。そこで日本国民の民度が試される。実体験者でなければ伝えられない証言をできるだけ多く記録し、語り継いでいかなければ、南洋群島の数奇な歴史と悲劇はいつか「なかったこと」になりかねない。南洋の島々を再び「忘れられた島々」にしてはならない。

「記憶を紡ぎ未来へ繫ぐ」の記事は次のように結んでいる。

「サイパン・テニアン戦から七〇年。家族で唯一生き残った神里おばーには現在一八名のひ孫がいる。〔略〕これからどんな命のリレーと平和のリレーを未来につなげていけるのだろうか。絶対国防圏の砦であったサイパンから平和の砦を築いていかないといけない」

【著者】
井上亮（いのうえ　まこと）
1961年大阪生まれ。86年日本経済新聞社に入社。社会部で警視庁、法務省、宮内庁などを担当。現在、編集委員（皇室、近現代史担当）。元宮内庁長官の「富田メモ」報道で2006年度新聞協会賞を受賞。著書に『非常時とジャーナリズム』（日経プレミアシリーズ）、『天皇と葬儀——日本人の死生観』（新潮選書）、『焦土からの再生——戦災復興はいかに成し得たか』（新潮社）、『熱風の日本史』（日本経済新聞出版社）、共著に『「東京裁判」を読む』『「ＢＣ級裁判」を読む』（ともに日経ビジネス人文庫）がある。

平凡社新書７８３

忘れられた島々「南洋群島」の現代史

発行日——2015年８月11日　初版第１刷

著者——井上亮

発行者——西田裕一

発行所——株式会社平凡社
東京都千代田区神田神保町3-29　〒101-0051
電話　東京（03）3230-6580［編集］
　　　東京（03）3230-6572［営業］
振替　00180-0-29639

印刷・製本—図書印刷株式会社

装幀——菊地信義

ISBN978-4-582-85783-2
NDC 分類番号210.6　新書判（17.2cm）　総ページ232
平凡社ホームページ　http://www.heibonsha.co.jp/